KB184858

공감능력이
지배하는 세상에
대비하라

공감능력이
지배하는 세상에
대비하라

AI 시대,
내 몸값 높이는 비결

이영균 지음

도서출판 새빛
SAEVIT

차례

프롤로그 **이야기를 본격적으로 시작하기 전에**   6

1장 내 편 만들기

1 진솔함에 숨겨진 비밀   15

2 공감이 내 편을 만든다   23

3 '그런데 사과'는 없다   34

4 좋은 놈, 나쁜 놈, 이상한 놈 – 위로의 대화법   43

5 사촌이 땅을 사서 배가 아픈데 축하해야 한다면?   50

6 한마디 감사로 천 냥 빚을 갚는다   57

7 수다쟁이 포용하기   65

8 골프는 내 편을 만드는 데 도움이 될까? 친구를 만드는 핵심 비법   77

2장 가화만사성, 갈등 줄이기

9 연인 혹은 가정은 거짓말로 지켜지는가   87

10 거짓말 잘하는 법   96

11 사랑을 지키려면 '왜'냐고 묻지 마세요   106

12 갈등을 부르는 '다니까'의 저주   114

13 내가 나를 통제할 수 없을 때… 비이성적인 말 억제하기   120

3장 처세를 배운다

14 미안하게 만든 만큼 얻는다   131

15 거절의 테크닉   140

16 꼰대가 되기 싫다면   150

17 불통 꼰대를 대하는 우리의 자세   157

18 무례하지 않기. 예의 있는 표현이란?   163

19 인사 좀 잘합시다   172

20 지혜롭게 컴플레인 하는 법   178

21 억울함 토로하기   188

4장 직장과 일터에서 지혜롭게

22 칭찬과 아부 사이:
사회생활 초년생들, 혹은 칭찬에 약한 분들을 위한 글   207

23 지시의 교양, 지시의 품격   213

24 지적질의 전략, 충고의 테크닉   221

25 잘 팔려면 말을 잘해야 한다? 비즈니스와 말   231

26 부정적인 소식은 어떻게 전달해야 할까?   241

27 (첫 만남을 위한) 세상 트렌드 따라잡기   249

28 책을 읽자   257

29 투자와 본업   262

30 AI 시대, 어떤 직업을 택해야 할까?   268

에필로그 현재냐, 미래냐? AI 시대를 맞을 우리의 준비는?   278

이야기를 본격적으로
시작하기 전에…

이야기를 시작하기 전에 인생에 큰 보탬이 될 한 가지 엄청난 지혜를 공개하겠다. 생뚱맞아 보이지만, 신발 끈에 관한 이야기이다. 신발 끈을 묶는 방법에 관한 이야기… 보통 오른손잡이들은 신발 끈 나비매듭을 시계 방향으로 돌려서 묶는다. 그런데 신발 끈 매듭을 시계 방향으로 묶으면 자주 풀릴 수밖에 없다. 지구가 시계 방향으로 자전하기 때문이다. 물론 지구 북반구 얘기다. 남반구에서는 시계 반대 방향으로 자전하므로 신발 끈이 잘 풀리지 않는다. 진짜? 하고 반문할 분들이 많을 것 같다. 직접 해보시면 안다. 사실이니까.

하여튼 그래서 지구의 북반구인 우리나라에서는 신발 끈 매듭을 시계 반대 방향으로 돌려서 묶어야 잘 풀리지 않는다. 나의 경우 항상 시계 반대 방향으로 매듭을 묶기 때문에 신발 끈이 1년에 한두 번도 풀리지 않는다. 그나마도 실수로 줄 끝을 밟거나 해서 풀리는 것이다.

사실이라고 치고 이게 무슨 엄청난 지혜냐고 발끈할 독자도 있겠다. 그러나 신발 끈을 시계 방향으로 묶을 때 대략 하루에 한 번 정도는 신발 끈이 풀리게 돼 있다. 한 번 묶는 데 10초가 걸린다고 치면 1년에 3,650초, 양쪽이니까 7,300초를 신발 끈 묶는 데 사용하는 셈이다. 80년만 계산해도 58만 4,000초, 즉 6일 하고도 18시간을 신발 끈을 묶는 데 허비하게 된다. 시계 반대 방향으로 묶는 경우, 1년에 20초, 80년에 27분을 쓰는 것과 비교하면 엄청난 차이이다. 긴긴 인생 6여 일쯤 허비해도 괜찮다고 생각한다면 할 말이 없다. 그러나 난 신발 끈 묶는 데 6, 7일을 쓰는 건 너무나 헛되다고 생각한다. 게다가 이건 일반인들의 경우이고 운동선수들의 경우 하루에도 몇 번씩 신발 끈이 풀리곤 하니, 신발 끈 묶는 데 몇 개월의 시간을 쓰게 될 수도 있을 것이다.

신발 끈 얘기가 너무 길었다. 당연히 이 책이 신발 끈에 관한 책은 아니다. 하지만 이 책은 신발 끈의 지혜 같은 내용들로 가득 차 있다. 한순간에서 생각해 보면 별것 아닌 내용 같지만, 그것이 오랜 기간 누적되면 엄청난 차이를 만들어 내는 삶의 지혜, 처세, 테크닉 등⋯⋯.

이 책에 적혀 있는 작은 '차이를 만드는 비결들'은 시간이 지나면 결과적으로 우리의 가치로 이어지게 된다. 인격적인 성숙과 성품의 차이로 이어질 것이고 경제, 사회적으로 보면 개인의 '몸값'을 결정하는 요인이 될 것이다. 그러므로 이제 사회생활을 시작하는 20대나 30대들에게 이 책의 내용은 진흙에 숨겨진 보석과 같은 것일 수 있다. 찾아내고 간파하기는 어렵지만 찾아서 잘 닦고 세팅하면 엄청난 가치를 발하게 된다는 것이다.

상당 기간 사회생활을 경험한 40대나 50대들에게 이 책의 내용들은 공감 거리이자, 삶에서 놓치고 지나간 지혜들을 새롭게 얻는 기회의 금고가 될 것이다. 어쩌면 그렇게도 어렵다고 이야기하는 '인간 변화'의 계기가 될지도 모른다. 자기 것으로 받아들여 습관화하는 데 성공한다면 말이다.

나는 이 책 내용의 대부분을 자신과 남들을 관찰하면서 얻게 됐다. 내가 잘못한 반성 거리, 남들이 실수하는 안타까운 장면들, 그리고 여기에 약간의 통찰력을 말아 넣어서 이 책의 내용들을 엮어냈다. 성인이 되고 30여 년간 수만 명의 사람들을 만나면서 자연스럽게 얻어진 지식과 지혜들도 도움이 되었을 것이다. 사람을 만나는 직업의 부산물이기도 하다.

스스로 잊어버릴까 반성의 거울을 기록해 놓은 것이 이 책의 시작이었다. 하나하나 기록하다 보니, 어느 순간 다른 사람들에게도 공유해서 도움이 되었으면 하는 마음이 생겼고 그래서 칼럼으로 공유하게 되었다. 일 년 여의 기간이 누적되자, 책으로 내자는 생각이 들었다. 이에 다시 추가 원고를 보태 결국은 이 책이 나오게 되었다. 구체적으로는 대화에 임하는 여러 가지 마음가짐과 자세, 테크닉을 정리한 것들과 삶의 루틴과 습관으로 만들면

　　　　　공감 능력이 지배하는 세상에 대비하라

큰 차이를 만들어 낼 만한 행동 양식들이 주 내용이다.

그런데 이렇게 정리를 하고 보니 이 내용이 인공지능, 즉 AI^{Artificial Intelligence}의 시대에 인간의 몸값을 지키는 방법임을 깨닫게 됐다. AI 시대가 본격화되면 기존의 직업들이 위협을 받고 인간들이 설 곳을 잃게 될 것이다. 그러나 AI가 아무리 우리들의 몸값을 위협한다 해도 인간들만의 절대 영역이 있다. 그것은 바로 '공감'이다. 이 공감을 기반으로 한 지혜로운 인간의 처세와 대화법은 결과적으로 AI는 물론이고 다른 사람들과도 차이를 만들어 내는 개인의 경쟁력이 될 것이다. 그래서 이 책의 제목도《공감능력이 지배하는 세상에 대비하라》라고 정했다.

전체적으로 네 부분으로 구성되어 있다. 우선 첫 번째 파트는 '내 편 만들기'와 관련된 내용들이다. 몸값을 높이기 위해서는 무엇보다도 사람들을 자기편으로 만들 수 있는 능력이 필요하다. 자기편을 만든다는 것은 친구를 만든다는 뜻이기도 하다. 그래서 이 파트는 '친구를 만드는 방법'이라고 해석해도 무방할 듯하다. '공감'이라고 하는 이 책 전체의 주제를 자세히 다룰 것이고 사과, 위로, 축하, 감사 등 우리가 살아가면서 가장 기본적으로 알아야 하는 대화법들을 비교적 자세히 설명할 것이다.

두 번째 파트는 '가화만사성'이라고 명명했다. 연인 혹은 부부 간에 불화가 있을 때 우리는 일에 집중하기가 어렵다. 이런 부분은 AI와 비교했을 때 인간이 가지는 큰 약점이라고 할 수 있다.

불화의 원인 중에 특히 거짓말에 대해서 많이 이야기할 것이다. 거짓말은 인간 사회에서 끊임없이 갈등을 일으키고 그럼에도 수없이 행해지는 모순 그 자체의 행위이다. 하지만 이 거짓말에 대해서 자세히 다룬 서적은 그리 많지 않기 때문에 이 책이 가지는 차별점이라고 볼 수 있다. 거짓말 외에도 갈등을 일으키는 여러 가지 단어나 어구에 관해서 이야기할 것이다. 두 번째 파트는 한마디로 '갈등을 막는 방법'이라고 할 수 있겠다.

세 번째 파트는 우리가 살아가면서 '처세'라고 부르는 삶의 지혜에 관한 내용들이다. 처세라고 하는 것은 때로는 세속적이라고 무시당하기도 하는 덕목이지만 이것을 모르고 살아갔을 때 큰 시행착오를 겪을 수밖에 없는 내용들이기도 하다. 그러니 몸값 얘기를 한다면 절대 빠질 수 없는 영역일 것이다. 꼰대에 대한 이야기, 예의에 대한 이야기, 거절, 컴플레인, 억울함 호소 등 다른 어떤 책에서도 잘 다루지 않는 사각지대의 이야기들이 가득 담겨 있다.

마지막으로 네 번째 파트는 직장과 일터에서 지혜롭게 처신하는 비결들이다. 몸값이라고 하면 일과 관련된 비중이 가장 클 수밖에 없으니 당연히 다뤄야 하는 내용들이다. 직장에서 선후배 간에 있을 칭찬, 지시, 충고 등의 대화법을 다룰 것이며 세일즈법에 대해서도 잠깐 이야기하려 한다. 이 외에 트렌드 이야기, 책 이야기, 투자 이야기, AI 시대 직업 이야기 등, 이 책의 핵심 중의 핵심이라고 할 만한 내용들이 이 파트에서 집중적으로 다뤄지게 될 것이다.

상당한 우여곡절을 거쳐 나오게 된 책이다. 처음 기획부터 나오기까지 3년가량이 걸렸다. 나오는 과정의 진통이 거서인지 전화위복으로 책의 완성도가 더 높아지게 됐다. 인간 의지의 한계에 한없이 좌절하다가 결국은 더 좋은 결과를 얻게 된 과정을 돌이켜 보니, 그 모든 것이 하나님이 주도하신 것임을 알게 됐다. 그래서 이 책을 내놓는 지금 한없는 감사를 느끼고 있다. 인간의 의지와 힘만으로 무엇을 할 수 있으랴.

마지막으로 이 책을 통해 많은 독자가 삶에 대한 통찰력이 깊어지고 세상에서 더욱 환영받는 사람으로 거듭나기를 기원하며 본격적으로 이야기를 시작해 볼까 한다.

이영균

1장

내 편
만들기

'진솔함'에
숨겨진 비밀

사람들은 '진정성 있게, 진솔하게' 이야기하는 사람을 좋아한다. 그런데 우리가 일상에서 진솔하다는 말의 의미를 정확히 알고 쓰는 것일까? 또한 어떤 사람이 진솔한 사람인지 안다고 장담할 수 있을까? AI 시대에 진솔하다는 것은 확실히 '몸값에 도움이 되는' 덕목 중 하나라고 생각한다. 하지만 진솔함에 숨겨진 심오한 의미를 정확히 아는 사람들은 많지 않은 것 같다. 그래서 여기서는 진솔함에 숨겨진 비밀을 파헤쳐볼까, 한다.

사전적 정의로는 '진솔하다'가 '진실되고 솔직하다'로 풀이되니, '솔직하다'가 '진솔하다'의 필요조건인 것처럼 보인다. 즉, 진솔해지려면 일단은 솔직해야 하는 것으로 들린다. 뭐 정의상으로는 그 말이 맞다. 진솔=진실+솔직 이니까. 그러나 '진솔하다'와 '솔직하다'라는 말에는 '진실'에 관한 근본적인 차이가 있다. 한마디로 정리하자면, '청자 중심'인가, '화자 중심'인가의 차이이다. 전자는 듣는 사람 입장에서 진실하다고 느껴지는 것이고 후자는 말하는 사람 입장에서 진실하다고 생각하는 것이다. 대화가 목적에 맞게 쓰이려면 타겟, 즉 청자를 고려한 것이어야 한다. 듣는 사람을 고려하지 않은 말은 운이 좋은 경우를 제외하고는 절대 진실되게 느껴질 수 없다. 진실되게 느껴지지 않는다면 공감을 얻을 수도 없을 터이다.

몇 년 전 내가 1:1 중국어 수업을 받던 때의 일이다. 하루는 중국어 강사가 수업 후에 괴로움을 토로했다. 수업 하나를 종료해야겠는데 '그만하자'라고 말하기가 매우 두렵다는 것이다. 지역이 경기도의 먼 지역이어서 오가는 시간이 많이 소요되고 몸도 피곤하고 다른 수업의 시간을 맞추기가 어려워서 못 하겠다고 말하고 싶은데, 오랫동안 수업을 해온 분이고 해서 도저히 말을 못 하겠다고 했다. 아니 '잘' 말하면 되지 그게 뭐 그렇게 어렵냐고 물었더니 과거의 아픈 기억을 털어놨다. 역시 오랜 기간 수업을 했던 한 여성분이 있었는데 이분과 수업을 하면 잡담이 길어져서 제시간에 끝내기가 어려웠다고 했다. 덕분에 이어지는 다른 수업 시작 시간에 늦곤 해서 어쩔 수 없이 그만둔 적이 있었

공감 능력이 지배하는 세상에 대비하라

단다. 그런데 그만두겠다고 하자, 그분이 갑자기 눈빛이 싸늘하게 변하면서 태도도 냉랭해져서 남은 2주 동안 정말 괴로운 분위기로 수업을 진행했다고. 그 트라우마가 2년이 지났는데도 계속 남았다고 했다. 이런 트라우마 때문에 수업을 끊을 때마다 너무나 걱정이 된다는 것이다.

그런 사정을 들은 이후의 대화다.

나 혹시 그때 수업을 끊으실 때 있는 그대로 말씀하신 것 아닌가요? 수업 종료가 제시간에 잘 안돼서 그렇다 등등?

강사 맞아요. 솔직하게 얘기했죠. 그게 문제였을까요?

나 지나치게 솔직하게 말씀하신 것 같아요. 그 여자분은 기분이 나빴을 거예요. 강사와 수강생 관계를 떠나 친구라고 생각하고 잡담도 많이 하곤 했었는데, 수다 때문에 수업이 잘 안 끝나서 그만둔다고 하니, 일종의 배신감을 느꼈을 거예요. 그 여자분의 반응은 어쩌면 당연할 수 있죠.

강사 아이구… 그럼 이번에는 어째야 할까요?

나 오가는 시간이 2시간이나 걸리고… 이런 얘기는 꺼내지 않으시는 게 좋겠어요. 다른 수업 시간이 잘 조정이 안 되고 몸도 너무 힘들고 해서 사실 몇 달 전부터 고민을 많이 했다고 하시면 어떨까, 합니다. 그래도 의리 때문에 어떻게든 이어가 보려 했는데 이제는 한계에 부딪혔다, 이렇게… 그게 사실이잖아요. 상대에게 미안한 감정을 느끼게 하면서 본인의 미안함을 상쇄시키는 거죠. 오가는 시간이 2시간이나 걸려서 그만두겠다고 하면 단순히 실리적인 이유로 그만하려 한다고 생각할 거예요. 감정적인 부분에는 전혀 도움이 되질 않죠.

있는 사실이라고 해서 있는 그대로 다 이야기하는 것은 어리석다. 말하는 입장에서는 솔직하게 말하면 상대가 이해해 줄 거라고 착각할 수 있다. 하지만 듣는 사람의 입장이나 감정을 먼저 고민해야 한다. 그것이 진솔함이다. 내가 진정성을 담았다고 생각하는 것이 중요한 것이 아니라, 상대가 진정성을 느끼는 것이 중요하다. 말은 수단이지, 그 자체가 목적이 아니다. 원하는 결과가 나오지 않았다면 그 말은 잘못 전달되었다고 봐야 할 것이다. 듣는 사람의 상태나 예상 반응을 먼저 고려하자. 그것이 이성적인 부분이든 감성적인 부분이든 말이다. 말하기 전에 반드시 듣는 사람의 입장에서 고려해 보라. 그리고 상대가 '진실하다' 느낄 거라고 예상되는 내용만 이야기하는 것이 좋다.

후담. 이후 중국어 강사에게 결과가 어떻게 됐냐고 물었더니, 본인이 얘기하기도 전에 에이전시가 어떻게 얘기를 전달했는지, 수업이 남았는데도 더 이상 오지 말라고 연락이 왔단다. 아마도 이동에 2시간이 걸리고 등등 강사가 에이전시에 했던 내용을 그대로 전달했겠지. 오래 수업을 진행한 사이라 인사라도 했으면 좋겠는데 에이전시가 이후 개인적으로 연락하면 안 된다고 했다며 속상해했다. 나는 강사에게 에이전시가 뭐라 하든 정중하게 문자라도 건네는 것이 좋겠다고 코칭했다. 그 속상함, 아쉬움을 품고 또 몇 년을 트라우마 속에서 살 수 있으니까.

> **연우** 현정아, 우리 내일 같이 영화 보기로 한 거 나 안 될 것 같아. 너무 미안해~
>
> **현정** 왜? 무슨 일 있어?
>
> **연우** 어. 한동안 못 봤던 친구가 갑자기 보자고 해서… 우리야 매일 보니까 며칠 내로 날 다시 잡자.
>
> **현정** 어… 그래. 그럼, 그러자. 낼 즐겁게 보내.
>
> **연우** 고마워. 그리고 미안해.

이 대화 속 현정은 어떤 기분일까? 연우가 솔직하게 이야기했으니, 충분히 이해했을까? 아마도 그렇지 않을 것이다. 다른 친구 만나겠다고 나와의 약속을 깼으니, 연우에게 있어 다른 친구가 더 중요한 사람이고 본인은 상대적으로 덜 중요한 사람이라고 느껴졌을 것이다. 설마 누가 이렇게 있는 그대로 다 얘기해? 라고, 반문하는 사람도 있을 듯하다. 그러나 이해를 돕고자 이렇게 간략하게 군더더기 다 빼고 구성했으니까, 비현실적으로 보일 뿐,

실제 대화에서는 이 같은 사례가 비일비재하다. 이렇게 살을 붙이면 현실적으로 보일까?

연우 현정아, 우리 내일 같이 영화 보기로 한 거 나 안 될 것 같아. 너무 미안해~ 어쩌지?

현정 왜? 무슨 일 있어?

연우 어. 내가 지난번에 얘기한 친구 있잖아. 어릴 때 친했다가 최근 몇 년간 이상하게 연락이 끊겼다고 한 친구… 나영이라고… 걔가 갑자기 연락이 왔어. 내일 보자네. 우리야 매일 보니까 며칠 내로 날 다시 잡자.

현정 어… 그래. 그럼, 그러자. 낼 즐겁게 보내.

연우 고마워. 그리고 미안해. 대신 우리 영화 보는 날 내가 밥 살게.

현정 앗싸~ 좋았어.

어떤가? 이 정도면 현실적인가? 그러나 핵심 내용에는 달라진 것이 없다. 현정은 과연 대화 이후 기분이 좋았을까? 밥 사준다고 해서? 물론 아까 대화보다는 현정이의 기분이 조금은 나았을 수도 있을 듯하다. 그러나 크게 다르지 않을 것이다. 앞에서 설명했던 것처럼 화자 입장에서의 솔직함이 청자 입장에서의 진정성으로 이어지지 않는 법이다. 이제는 청자의 입장을 고려한 대화로 변형시켜 보자.

연우	현정아, 우리 내일 같이 영화 보기로 한 거 어떨지 모르겠어.
현정	왜? 무슨 일 있어?
연우	어. 내가 지난번에 얘기한 친구 있잖아. 어릴 때 친했다가 최근 몇 년간 이상하게 연락이 끊겼다고 한 친구… 나영이라고… 걔가 갑자기 연락이 왔어. 공교롭게 내일 우리 동네로 온다네. 내가 선약 있다고 다른 날로 잡자고 했더니, 내일 아니면 한동안 어려운가 봐. 어쩌지?
현정	아이고, 그런 일이 있었구나. 우리야 매일 보니까, 날 다시 잡으면 되지. 그 친구 만나.
연우	너랑 약속이 먼저인데, 어떻게 그래? 그럼, 우리 같이 보는 건 어떨까?
현정	에이, 오랜만에 봐서 너희 할 말도 많을 텐데… 그냥 둘이 즐겁게 보내.
연우	그게 나을까? 미안하다. 배려해 줘서 고마워. 대신 우리 영화 보는 날 내가 밥 살게.
현정	앗싸~ 좋았어.

이번 대화에서의 연우는 아마도 이미 옛 친구 나영과 다음 날 만나기로 약속을 한 상황일 것이다. 그러나 그 상황을 현정에게 있는 그대로 솔직하게 털어놓지 않는다. 마치 고민 중인 상황인 것으로 열어 놓고 의견을 묻고 심지어 함께 만나자고까지 제안한

다. 사실 같이 만나도 상관은 없겠지만 아마도 현정이 그냥 둘이 보라고 할 것을 예상하고 한 말일 것이다. 현정은 자신의 감정을 고려한 연우의 배려를 충분히 느꼈을 것이고 다른 친구가 더 중요해서가 아니라, 어쩔 수 없는 상황적 변수 때문이라고 생각하려 할 것이다. 청자 입장에서의 진솔함이란 이런 것이다. 똑같은 상황과 사실을 이야기하는 것은 동일하지만, 청자의 입장과 감정을 고려하여 표현한다.

이제 마무리의 시점에서 '진솔함'을 이렇게 다시 정의하면 좋을 듯하다. "사실을 왜곡하지는 않되, 듣는 사람 입장에서 '상대가 자신을 배려하면서 진정성 있게 이야기하고 있다'라고 느끼게 하는 것." 우리 일상에서 진정성 있고 솔직한 대화는 필요하고 중요하다. 그러나 나 편해지자고 여과 없이 그대로 '뱉어' 내지는 말자.

공감이
내 편을 만든다

일본의 후쿠시마 원전 오염수 방류가 이뤄진 지, 벌써 일 년여가 지나갔다. 다행히 아직은 큰 문제가 없는 것으로 나오고 있다. 오염수 방류 결정이 이뤄졌던 당시 정말 시끄러웠던 기억이 난다. 일본 정부와 우리나라 정부, 여권, 야권, 시민단체, 과학계 등 어느 한 집단도 같은 소리를 내는 곳이 없었다. 심지어 한 집단 내에서도 다른 목소리들이 들리니, 그야말로 '아사리판'이었다. 그렇게 의견이 일치하지 않았던 이유를 자세히 들여다보면 결론적으로 '서로에 대한 공감이 없고 믿지 않았기 때문'이라고 축약해서 말할 수 있을 것 같다. 한쪽에서는 '과학적 결론'인데 왜 믿지 못하느냐고 말했던 반면, 다른 쪽에서는 '100% 확실한 과학이 어디 있나?', '과학이고 뭐고 쟤네는 못 믿겠다.' 등 믿지 못하는 이

유도 각양각색이었다. 아무리 근거를 들어서 상대를 설득하려 해도 믿지 못했던 이유가 무엇일까? 오늘은 그 이야기를 해보려 한다. 이들의 대화에 무엇이 부족했길래 서로의 이야기를 믿지 못했을까?

애미   이번 주말에 뭐 할까?

동일   글쎄, 특별히 생각나는 건 없네?

애미   아울렛 가서 쇼핑할까?

동일   쇼핑은 무슨… PC방 가서 맛있는 거나 먹으면서 게임 어때?

애미   맨날 PC방이냐? 지겹지도 않아? 그럼, 오랜만에 극장에서 영화나 한 편 보자.

동일   요즘 볼만한 영화가 없어. 차라리 술이나 마시자.

애미   또 술이야? 됐어. 난 동은이나 만날래.

동일   참나, 그러면 난 상인이랑 술 한잔하고 있을 테니 이따 연락해.

애미   몰라.

오래된 연인이 주말 데이트 일정을 짜는 대화 상황이다. 서로 본인이 하고 싶은 일만 서로 권하고 있으니, 이게 무슨 대화인가 싶다. 얼핏 혼잣말 같기도 하다. 그런데 사실 우리 생활에 이런 식의 대화가 절대 드물지 않다. 오래된 연인, 늘 만나는 친구, 가족 간의 대화에서 어렵지 않게 볼 수 있을 것이다. 이 커플, 대화

     공감 능력이 지배하는 세상에 대비하라

가 항상 이런 식이라면 관계가 지속될 수 있는 걸까? 그런데, 이들의 대화는 초창기부터 이랬을까? 그들이 처음 만나기 시작했던 2년 전으로 돌아가 보자.

애미 이번 주말에 뭐 하세요?

동일 특별한 계획은 없어요. 우리 만날까요?

애미 좋아요. 만나서 뭐 할까요?

동일 글쎄요, 애미씨랑 함께라면 뭐든지 좋아요. ^^

애미 그럼, 스타필드에서 영화도 보고 쇼핑도 하면 어떨까요?

동일 좋네요. 끝나고 술도 한잔하고요.

애미 좋아요. 재미있을 것 같아요.

2년 전과 현재의 대화를 비교해 보자. 두 사람이 만나서 하자고 하는 활동에는 별 차이가 없다. 여자는 동일하게 쇼핑과 영화를 원하고, 남자는 술 마시는 것을 선호한다. 그런데 두 사람의 반응은 정반대이다. 2년 전 대화에서는 뭘 해도 좋다는 식이고, 지금 대화는 뭘 해도 싫다는 식이다. 2년 전과 지금, 이들 사이에 무슨 변화가 일어난 것일까? 서로에 대한 익숙함? 서로 존중하지 않게 된 것? 두 대화에 근거해서 그 결정적 차이를 지적한다면 '상대에게 맞추고자 하는 의지의 유무'라고 하겠다. 연애 초창기에는 상대를 배려하고 뭐든 맞추겠다는 의지가 있었고 지금은 서로 자신에게 맞추라고 강요한다. 상대를 배려하고 맞추겠다는 의지가 있느냐, 없느냐는 이렇게 완전히 다른 대화의 양상을 만들어 낸다. 이번에는 한 회사의 상사와 후배의 대화를 들여다보자.

최 부장   송 과장, 지난번 얘기한 보고서 다 됐나?

송 과장   부장님, 그거 시간이 좀 더 필요할 것 같습니다.

최 부장   뭐? 지시한 지가 언젠데 아직도야?

송 과장   이게 막상 손을 대보니 생각보다 방대한 작업이었습니다. 아무래도 지원이 필요할 것 같습니다.

최 부장   아니, 그러면 진작에 얘기를 했어야지. 가만히 있다가 이제 와서 이런 얘기를 하면 어떡하나? 이거 이번 주 내로 사장님께 보고해야 하는 건인데 어쩔 거야?

송 과장   ㅠㅠ. 오늘내일 밤을 새워서 완성하겠습니다. 직원들 세 명만 붙여주십시오.

최 부장   한심하구먼.

직장 생활에서 드물지 않게 볼 수 있는 상황이다. 두 사람의 대화는 옆에서 보기 불편하다. 그 마음속을 들여다보지 않아도 서로 원망하며 욕을 해대고 있는 것이 뻔하다. 매일 얼굴을 마주치고 일해야 하는 사람들끼리 왜 이런 상황이 발생하는 것일까? 그 이유야 여러 가지로 언급될 수 있겠지만 한마디로 표현하면,

공감 능력이 지배하는 세상에 대비하라

'서로의 상황을 이해하고자 하는 노력을 하지 않기 때문'이다. 만약 서로의 상황을 이해하려는 의지나 노력이 있었다면 애당초 이런 상황 자체가 벌어지지 않았을 것이고, 설사 이런 상황이 벌어졌다 하더라노 대화가 이런 식으로 이뤄지지는 않있을 것이다. 만약 서로 상황을 이해하려 노력하고 있었다면 대화가 어떻게 전개됐을까?

최 부장 송과장, 지난번 얘기한 보고서 다 됐나?

송 과장 (헉, 이거 급한 거였나?) 부장님, 그거 언제까지 완성해야 할까요? 아직 시간이 좀 더 필요합니다.

최 부장 아이고, 내가 데드라인 얘기를 안 했나 보네? 쏘리! 이거 이번 주 내로 사장님께 보고해야 하는 건이야.

송 과장 제가 시한을 미리 확인해야 했는데, 죄송합니다. 이번 주 내로 완성하려면 지원이 조금 필요할 것 같습니다. 직원들 세 명만 지원해 주시면 밤을 새워서라도 내일 밤까지 완성하겠습니다.

최 부장 어허, 그건 너무 무리인 것 같고, 어쨌든 지원은 붙여줄 테니 최대한 빨리해 보게. 내가 사장님께 보고가 하루 이틀 지연될 것 같다고 말씀드려 보겠네. 데드라인을 미리 얘기하지 못한 내 잘못도 있으니.

송 과장 정말 죄송합니다.

극적인 반전을 주려고 지나치게 이상적으로 그리긴 했지만 어떤가? 서로 입장을 이해하려고 노력하면 똑같은 상황에서도 이 같은 대화가 이뤄지는 것이다. 최 부장은 송 과장이 데드라인을 몰랐기 때문에 보고서 작성이 우선순위에서 다른 업무에 밀렸다는 점을 이해하려고 하고 있고, 송 과장은 본인이 데드라인을 미리 확인하지 못한 잘못을 인정하고 있다. 서로 이해하려고 노력하면 문제 발생 이유를 상대에게 돌리지 않고 그 원인의 일부 혹은 전부를 스스로에게 돌리게 된다. 이에 공감이 형성되고 대화는 성공적으로 이뤄지는 법이다.

여기서 '공감'이라는 대화의 포인트가 언급됐다. 앞의 두 가지 대화들을 살펴보면 서로 공감이 이뤄진 대화들은 성공적이었지만 공감 형성이 되지 않은 대화들은 절망적이었다. 그렇다면 공감이란 무엇인가? 사전적 정의에 따르면 '남의 감정, 의견, 주장 따위에 대하여 자기도 그렇다고 느끼는 것'을 말한다고 한다. 좀 더 풀어서 표현한다면 '같은 생각을 하는 것' 혹은 '같은 생각을 하고 있다고 느끼는 것' 정도가 될 것이다. 즉, 대화에서 공감을 얻는다는 것은 남으로 하여금 '상대가 자신과 같은 생각을 하고 있다'라고 느끼게 만드는 것이다. 서로 같은 생각을 하고 있다고 느끼면 대화는 자연스럽고 순조롭게 이뤄진다. 반대로 상대가 나와 다른 생각을 하고 있다고 느끼면 대화가 이어지기 어렵다. 즉,

공감 능력이 지배하는 세상에 대비하라

대화에 있어서 공감이라는 것은 핵심 중의 핵심이라고 할 것이다.

그런데, 도대체 대화에 있어 공감이라는 것이 왜 그렇게 중요한 것일까? 또 공감이 없는 대화는 왜 실패하게 되는 것일까? 인간이 남에게 공감을 얻고자 하는 것은 인류의 DNA에 새겨져 있는 '갈등의 역사'에 기원을 둔다. 인류는 수천 년, 수만 년 전부터 집단 갈등의 역사를 반복해 왔다. 그런 역사적 학습의 결과로 '뭉치면 살고, 흩어지면 죽는다'라는 생존의 본능이 인간의 DNA에 새겨지게 됐다고 한다. 이는 많은 인류학자, 생물학자들에게 공통으로 인정받고 있는 내용이다. 이에 같은 편임을 확인하고 강화하기 위해 인류가 고안한 방법은 같은 상징 체계와 언어를 공유하고 같은 신화와 철학을 공유하는 것이었다. 즉 '생각을 공유'하는 것이다. 앞에서 봤듯이 생각을 공유하거나 생각을 공유하고 있다고 느끼는 것이 바로 공감이다. 이에 공감은 고대부터 인류에게 새겨져 있는 생존의 본능과 연결되어 있다. 공감을 얻어야 생존할 수 있는 셈이니, 그 중요성을 더 이야기할 필요가 있을까? 대화는 바로 그 공감을 얻기 위한 도구라고 볼 수 있다. 의사소통이라는 것 자체가 갈등을 피하고 서로 협력하기 위해 존재하는 것이라고 본다면 공감은 결국 대화의 목적이라고 봐도 과언이 아니다. 즉, 공감을 얻은 대화라면 성공한 대화가 되고 공감을 못 얻었다면 실패한 대화가 되고 만다.

공감을 얻기 위해 생각을 공유하고 그러한 행위를 중요시하는 것은 근대를 지나 현대 세계에 와서도 조금도 퇴색되지 않았다. 아니 오히려 그 가치가 더욱 크게 받아들여지고 있는 듯하다. 이에 문명이 발전할수록 생각을 공유하는 기회와 방법을 어떻게 하면 더 간단하게, 동시에 더 광범위하게 만들 것인지에 대한 인류의 고민은 계속해서 진화해 왔다. 산업혁명 이후 개발되고 확산하여 온 인쇄술이며 20세기 매스 미디어 진화의 역사가 바로 그것이다. 이후 21세기 인터넷의 발전에 이어 최근 10여 년에 걸친 스마트폰과 소셜네트워킹망SNS, 유튜브 등의 태동과 확산은 역시 '생각을 공유하기 위한' 인류의 몸부림이라고 봐도 무방하다.

한편, 이렇게 진화된 커뮤니케이션 수단은 공감이라는 놈에게 기존의 집단 강화의 기능을 넘어 역으로 집단을 잘게 쪼개고 그렇게 형성된 소집단을 강화하는 기능까지 부여하게 되었다. 즉, 단순히 같은 언어권, 문화권으로 같은 집단을 구성하던 과거와 달리 상대적으로 지엽적인 부분에서의 공감 척도에 의해 집단의 경계를 구분 짓기 시작한 것이다. 젠더 집단, 세대 집단은 물론이고 표현된 정치적 성향의 차이나 비건 등 식습관 차이까지 수많은 공감 척도가 내 편, 남의 편을 가르는 기준이 되어 버렸다. 거기에 이른바 '에코 챔버 효과'로 인해 집단 내에서의 커뮤니케이션과 자기 확신 강화가 점점 더 심화함에 따라 '집단 내 공감'이

'집단 외 갈등'으로 이어지는 현상이 빈번하게 일어나고 있다. 이렇게 21세기에 공감이라는 것은 집단 내 소속감을 만드는 것은 물론, 어떤 의미에서는 개인의 생존 요건으로까지 기능하게 돼 버렸다.

그런데 공감은 최근에 와서는 또 다른 면에서 그 존재감을 과시하고 있다. AI가 절대 따라하기 어려운 것이 공감이기 때문이다. 공감하려면 경험으로 축적된 독립된 자아를 인식해야 하고 다시 타자를 하나의 존재로 인식해서 그의 말이나 행동, 생각을 자신의 것과 비교해야만 가능한 것이다. 즉 독립된 육체와 정신을 가진 자신의 존재는 물론, 완전체로서의 타인을 인식하지 못하는 AI로서는 경험과 느낌까지 거쳐야 하는 '공감'을 따라 하는 것이 거의 불가능하다. 그러므로 AI 시대에 사람의 몸값은 그가 가진 공감능력과 비례하게 될 것이다. 이에 공감이라는 것은 새로운 의미를 지니며 그 중요성이 몇 배나 배가 될 것이다.

자, 이렇게 공감이라는 것이 중요하다면, 그 공감을 얻는 방법, 즉, 남들에게 '상대가 같은 생각을 하고 있다'라고 느끼게 만들려면 어떻게 해야 하는 것일까? 그냥 맞장구를 치고 동의한다는 표현을 쓰면 되는 것일까? 혹은 무작정 대화를 많이 하면 공감을 얻을 수 있게 될까?

다시 앞에서 봤던 대화들을 분석해 보자. 남녀의 대화에서는 서로에게 맞추려는 노력이나 의지가 있느냐의 여부가 공감 형성의 핵심 요건이었고, 직장 내 대화는 서로의 상황을 이해하려는 노력이나 의지가 공감 형성의 핵심 조건이었다. 공감을 형성하는 데 상대의 상황, 혹은 욕구에 맞추려는 의지와 서로의 상황을 이해하려는 노력은 반드시 갖춰야 하는 필요조건이다. 즉, 공감을 얻어 내려면 우선은 상대의 기준에 맞추고 상대의 상황을 이해하려 노력해야 한다는 뜻이다. 공감을 얻는 대화는 그렇게 '상대에 맞추려는 노력'으로부터 시작된다. 다만 갖가지 상황에서 공감을 얻기 위한 구체적인 방법은 이후에 하나씩 설명해 나가도록 하겠다.

다시 처음으로 돌아가 후쿠시마 원전 오염수 이야기를 해보자. 저 논쟁에 참여했던 집단, 내지 사람들에게 서로에게 맞추려는 의지나 노력이 있었다고 볼 수 있을까? 그보다는 서로의 이익, 혹은 갈등 관계, 믿고 싶은 근거 등에만 의지해서 대화했다고 본다. 그러니 당연히 공감이 형성될 수가 없었을 것이고 공감이 없는데 서로를 믿게 된다는 것은 애당초 불가능한 상황이었을 것이다. 이렇듯 서로 맞춰가려는 의지가 없는데 무작정 대화만 많이 한다고 공감이 생길 수는 없다.

이 같은 상황은 앞으로도 얼마든지 자주 빈번하게 발생할 수 있다고 본다. 각 국가의 철학과 정치 경제적 여건이 다르고 각 국가 내에서의 정치, 경제, 사회적 집단들의 입장과 상황 역시 다양할 터이니, 당연한 일이다. 이러한 환경에서 상대 국가 혹은 집단의 공감을 얻고 대화에 임하는 것은 중요해 보인다. 그래야 무언가 실리도 얻고 불필요한 갈등도 줄일 수 있을 것이다. 의도적으로 갈등의 상황을 만들고자 하는 것이 아니라면 말이다.

"공감을 얻는 대화는 내 편을 만들어 내고 공감 없는 대화는 적을 만들어 낸다."

'그런데 사과'는 없다

사람들을 관찰하다 보면 많은 이들이 사과하는 요령을 잘 모르는 것 같다. 사과를 잘못하면 결과가 오히려 악화되는 경우들이 많다. 진심으로 미안하다는 감정이 없는 사과는 말할 것도 없지만, 미안하다는 생각이 있는데도 표현이 잘못되어서 결과가 나쁜 경우가 태반이다. 물론, 외교 관계상 명분을 위한 사과의 경우는 조금 다를 수 있다. 일본이 과거 일제 강점기 때 행위들에 대해서 사과할 때 보면, 저게 사과인가 하는 생각이 든다. 아마도 국가의 자존심을 지킨다는 이유 때문일 테다. 사과의 메시지는 전하되, 사과의 톤앤매너는 전혀 사과가 아닌 것처럼 들린다. 특히 '유감이다' 등의 표현은 사과로 느껴지지 않는다. 유감이라는 말은 내가 기분이 나빠도 쓰는 말이기 때문에 자기 잘못은 아니

공감 능력이 지배하는 세상에 대비하라

지만 하여튼 기분이 나쁘다는 뉘앙스로 느껴지는 말이다. 사실 그런 발표나 선언은 진짜 사과가 아니라 그냥 명분상의 외교 행위라고 봐야 한다. 우리나라 정부 입장에서는 사과의 메시지가 들어갔다고 자평하고 일본 정부 입장에서는 국가의 자존심을 지켰다고 만족한다. 정치인들끼리는 짜고 치는 고스톱이지만 일반 국민으로서는 뭔가 화가 나는 장면이다. 그런데, 우리 일상은 이런 외교적인 명분 주고받기가 아니므로 사과할 거면 상대가 사과를 받았다고 느끼게 만드는 것이 맞지 않을까?

병철   희원아, 이번엔 오빠가 정말 잘못했다. 아무리 화가 나도 말을 삼갔어야 하는 건데 내가 너무 흥분했나 봐.

희원   맨날 막말하고 그냥 사과만 하면 그만이야? 이게 한두 번도 아니고.

병철   그게, 화가 나면 통제가 안 되네. 내가 봐도 한심해. 그런데 너도 내가 너무 흥분했다 싶으면 자극하지 말았어야지.

희원   뭐? 내가 잘못했다는 거야?

병철   아니 그게 아니라 내가 너무 흥분했을 때는 조금 참아 달라는 말이야. 하여튼 정말 미안해.

희원   됐어. 오빠는 맨날 미안하다고 하고 바뀌질 않으니, 계속 만나야 하는 건지 모르겠어.

병철의 사과가 희원에게 사과로 느껴지지 않는 이유는 병철이 사과를 하더라도 자존심은 지키겠다고 하는 마음 때문이다. 그러나, 사과는 고개를 숙이는 행위다. 고개를 뻣뻣이 들고 사과한다면 그것이 사과로 느껴질 수 있을까? 또한 사과라는 것은 미안하다는 마음이 중요한 것이지 '미안하다'라는 말 자체에 의미가 있는 것이 아니다. 그러니 받아들이는 처지에서는 그 마음이 느껴지지 않으면 사과했다고 볼 수 없다. 사과에 몇 가지 팁이 있다.

우선, 사과하는 사람은 자신의 어떤 행위나 말이 잘못된 것인지를 표현해야 한다. 그것을 인정하는 표현이 없이 그냥 미안하다고만 하는 것은 진정성이 없고 공허하게 느껴진다. 구체적으로 무엇이 미안한 것인지 표현하는 것이 중요하다.

둘째, 사과의 말에 앞서 '이유 여하를 막론하고', '어찌 됐든 결과적으로', '네가 그렇게 느꼈다면' 등의 말을 붙이는 것은 진정한 사과로 느끼기 어렵게 만든다. 마지못해서 사과한다는 느낌이 들기 때문이다. 그런 표현은 그 자체로 '나는 잘못했다는 생각이 들지 않는다'라는 감정을 표현하는 것이나 다름이 없다. 이렇게 사과할 거면 할 필요가 없다. 정치인들이나 외교상에서 자주 이런 표현이 나오곤 한다. 일상에서는 아주 좋지 않은 사과법이다.

셋째, 인정한 후에는 뭔가 변명을 덧붙이지 말아야 한다. 즉, 뒤에 '그런데', '그렇지만' 등의 표현을 붙이지 말아야 한다는 말이다. 잘못을 인정해 놓고, 그런데 어쩌고… 하고 이야기하는 것은 앞에서 잘못을 인정하는 표현을 무의미하게 만들어 버린다. 이른바 '그런데 사과'는 상대에게 사과로 느껴지지 않을 것이다.

넷째, 사과 이후 상대의 반응에 대해서 부정하거나 반발하지 말아야 한다. 혹시 상대로부터 과하게 피드백이 와서 '울컥'하는 감정이 몰려올지라도 잠시 억제하고 참을 필요가 있다. 계속 얘기했지만, 기왕에 사과하려면 자존심은 잠시 눌러 놓는 것이 맞다. 자존심을 세우려면 사과하지 않는 편이 낫다.

다섯째, 사과와 동시에 앞으로 어떤 식으로 변화하거나 문제를 방지할 것인지를 언급하는 것이 좋다. 그런 말을 들으면 상대로 하여금 '이 사람이 말뿐 아니라 구체적으로 변화하려고 하고 있구나' 하는 신뢰감을 준다. 실제 그 정도의 준비가 없다면 진정한 사과가 아니라고 생각한다. 뭔가 변화나 재발 방지책을 만들고 이를 공유하는 것이 필요할 것이다.

병철　희원아 이번엔 오빠가 정말 잘못했다. 아무리 화가 나도 말을 삼갔어야 하는 건데, 내가 너무 흥분했나 봐.

희원　맨날 막말하고 그냥 사과만 하면 그만이야? 이게 한두 번도 아니고.

병철　그게 화가 나면 통제가 안 되네. 내가 봐도 한심해.

희원　제발 다시는 이러지 마. 또 이러면 우리 정말 끝이야.

병철 (욱하는 감정을 억누르며) 그래. 이번만 용서해 줘. 앞으로는 흥분했을 때 '조심하겠다고 약속했지?' 하고 스스로한테 상기시킬게.

희원 정말? 그럼, 이번에는 믿어 볼게. 이 근처에 베이커리 카페가 새로 생겼대. 거기 가자.

이걸 보고 나는 절대 못 해! 자존심 상해서 어떻게 이런 식으로 사과를 해? 라고 생각하는 사람도 있을 거다. 그럼 사과할 일을 만들지 말았어야지. 하여튼, 일은 벌어졌고 관계도 이어가야겠고 자존심 죽이는 사과는 못 하겠고… 그렇다면 한 가지 방법이 있기는 하다. 정말 진심이 느껴질 만한 편지 한 통과 함께 누가 봐도 '아! 정말 사과의 마음이 있구나' 하고 느껴질 만큼 엄청난 선물을 해라. 그게 가격이 엄청나게 높아서건, 정성이 엄청나서건 어느 쪽이든 상관없다. 상대가 깜짝 놀라서 감동의 눈물을 터뜨릴 정도면 된다. 이 정도 할 자신이 없다면 그냥 고개 숙여 사과해라.

장호 어찌 됐든 결론적으로는 유감스럽게 됐다.

호식 그게 잘했다는 거요, 잘못했다는 거요?

장호 아, 유감이라니까.

호식 뭐가 유감인데요?

장호 아니, 난 좋은 의도에서 한 말이었는데 술이 과했나 보네. 결론적으로 네 기분이 나빴을 것 같다.

호식   남 한 대 치고 유감이다… 이러면 그만인 거요? 그리고 술 취하면 막말해도 되는 거고?

장호   뭐 말을 그런 식으로 하냐? 선배가 고갤 숙이고 들어가면 받아줘야지.

호식   아니, 언제 고개를 숙이셨소? 미안한 것 같지도 않구먼.

장호   사실 네 잘못도 있잖아. 술 취했다 싶으면 빨리 보냈어야지. 그럼 내가 이런 실수 안 했지.

호식   참나, 끝까지 남 탓이구먼. 이제 서로 연락하지 맙시다.

장호   아이고…

장호가 술이 과해서 호식에게 충고한답시고 심한 말을 했다. 저 대화는 그다음 날의 통화 내용. 아마도 장호는 서로 관계를 이어가기를 원하고 있을 것이다. 그러나 자존심 때문에 제대로 된 사과를 못 하고 있다. 자존심 지키기와 사과… 참 양립하기 어려운 두 가지 항목이다. 자존심을 지키고 싶지만, 사과는 해야겠고… 느껴지듯이 저런 사과를 받고 마음을 열 사람이 있을까? 물론 평소에 무척이나 뻣뻣했던 사람이라면 저 정도면 많이 숙였다고 생각할 수도 있겠지만, 상대 입장에서는 받기 어려운 수준의 사과다. 최소한의 자존심을 지키면서 사과할 방법은 없을까?

장호	내가 할 말이 없다. 미안하게 됐다.
호식	뭐가 미안한데요?
장호	난 좋은 의도에서 한 말인데 술이 너무 과했어.
호식	남 한 대 치고 미안하다… 이러면 그만인 거요? 그리고 술 취하면 막말해도 되는 거고?
장호	(꾹 참으며) 내가 왜 그랬나 몰라. 내가 덕이 부족했다.
호식	다음부터는 조심하쇼.
장호	(한 번 더 참으며) 그래. 조심하마.
호식	일단 이번에는 넘어가겠소. 다신 안 그러겠다 하니…
장호	고맙네.

이 정도가 자존심을 지키면서 사과하는 마지노선이 아닐까, 싶다. 앞에서 설명했던 '제대로 사과하는 법'에 비해서는 아무래도 효과가 떨어지겠지만, 자존심 때문에 아무래도 제대로 된 사과는 못 하겠다면 최소한의 선에서 사과하는, 이른바 '마지노선 사과'를 해보라 권한다. '마지노선 사과'에 대해서 몇 가지 포인트를 짚어 보자.

첫째, 아무리 자존심을 지키려 한다 해도 앞에서 얘기했던 것처럼 '어찌 됐든 잘못했다'든지, '네가 그렇게 느꼈다면' 같은 말은 절대로 꺼내선 안 된다. 이건 오히려 상황을 악화시키는 표현이다. 둘째, 기왕 사과할거면 유감보다는 미안하다고 하는 것이 낫

공감 능력이 지배하는 세상에 대비하라

다. 앞에서도 얘기했지만, 유감이라는 표현은 사과로 못 느끼는 사람이 대부분이다. 최소한도 '미안하다'는 표현은 아끼지 말자.

셋째, 사과 마지노선의 핵심 사안이다. 상대 발언에 '욱'하는 감정이 들더라도 두세 번 정도는 어쩔 수 없이 '꾹' 참아야 한다. 누세 번 정도를 안 참을 거면 도대체 사과는 왜 하는 것인가. 다만 그 정도를 참았는데도 상대가 계속 도발해 오면 사실상 사과를 받아 줄 마음이 없는 것으로 판단해도 된다. 상황이 더 악화하기 전에 차라리 다음에 얘기하자고 하는 편이 낫다.

마지막으로, 자존심을 지키고 싶을 때 쓸 수 있는 표현이 몇 가지가 있다. "내가 할 말이 없다.", "무조건 잘못했다." 등의 '닥치고 잘못했다.' 부류의 표현과 "내가 덕이 부족했다.", "왜 그랬나 모르겠다." 등의 '자기 꼬리 자르기'가 그것이다. 닥치고 잘못했다는 것은 강한 표현을 내뱉음으로써 자신의 민망함을 좀 줄여준다. 하기 싫은 말을 할 때 큰 소리로 외쳐 버리는 행위와 유사하다. 어쨌든 상대 입장에서는 잘못했다는 말을 듣게 되는 것이니, 써서 문제 될 것은 없다. "내가 덕이 부족했다."는 일종의 꼬리 자르기다. 스스로 자신의 '덕', '내공', '생각' 탓을 함으로써 내 전체를 비난하지 않고 일부만 비난하고자 하는 마음인 것이다. 또한 과거와 현재의 나를 분리해서 "왜 그랬나 모르겠다"며 과거의 나를 비난하는 것도 일종의 '꼬리 자르기'다. 온전한 자기를 내려놓지 않음으로써 자존심을 지킬 수 있고 상대 입장에서는 어차피 본인 탓을 하는 것이니, 트집 잡기가 쉽지 않다.

사과… 어떤 이들은 이를 굴복이라고 여긴다. 그래서 굴욕적이라고 생각한다. 그러나 무언가 사과할 일이 생겼다는 것은 상대가 나로 인해, 혹은 내 조직으로 인해 상처를 받았다는 뜻이다. 이런 맥락에서 보면, 사과란 내가 입힌 상처를 치유하기 위한 행위라고 볼 수 있다. 남에게 상처를 입혔으니, 치유해 줘야 하는 건 당연한 것 아닌가? 상대와 나의 입장을 바꿔서 생각해 보면 공감이 쉬울 것이다. 이렇게 생각하면 용기를 내는 데 조금은 도움이 되지 않을까?

좋은 놈, 나쁜 놈, 이상한 놈
– 위로의 대화법

대형 사고가 너무나 잦다. 특히 최근 우리나라에는 대형 화재나 차 사고가 너무나도 자주 일어나고 있다. 너무나 많은 사람이 죽게 되고 재산 피해도 막대하다. 재산과 가족을 잃은 아픔이 얼마나 컸을지 감히 짐작하기도 어렵지만 망연자실할 만큼 고통스러웠으리라는 것은 자명하다. 사고라는 것이 여기서 그치지는 않을 것이다. 앞으로도 얼마나 많은 사고들이 사람들에게 상실과 절망의 아픔을 남기게 될지 모르겠다.

잃은 사람들, 상실을 경험한 사람들에게 어떤 말을 건넨들 그들의 마음을 조금이나마 보듬어 줄 수 있을까? 상실을 품은 사람들의 마음은 깨지기 쉬운 얇은 유리잔 같아서 자칫 잘못 건드렸다가는 위로는커녕, 그들과의 관계까지도 깨져버릴 수 있다. 그만큼 위로한다는 것은 참 어려운 일이다. 그럼에도 옆에 상처 입은 사람을 두고 멀뚱멀뚱 지켜보기만 하는 것도 괴로운 일이다. 이번에 나눌 이야기는 꺼내기 어려운 주제, 위로의 대화법이다.

살아가다 보면 가족, 친구, 지인 등 주변 사람들을 위로해야 할 일은 수도 없이 많다. 그런데 말했지만, 막상 뭔가 위로의 말을 건네려 하면 무슨 말을 어떻게 해야 할지 절대 간단치가 않다. 도대체 뭐라 말해야 상대가 위로받고 다시 힘을 얻어 일상을 되찾을 수 있을까? 괜히 잘못 얘기했다가 상처만 건드리는 게 아닐까? 이런 식으로 생각이 많아지면 가벼운 한마디도 건네기가 쉽지 않다. 반면 아무 생각 없이 위로의 말을 건네게 되면 의도와 상관없이 오히려 상대를 화나게 하거나 더 고통스럽게 만들 수도 있다.

몇 년 전에 나는 크게 실의에 빠지게 된 사건을 겪은 적이 있다. 감사하게도 많은 사람으로부터 위로를 받았다. 그런데 그런 상황이 되니까 재밌게도 지인들이 정확하게 '좋은 놈', '나쁜 놈', '이상한 놈'으로 나뉘어졌다. '좋은 놈'은 말 그대로 진정한 위로를 해주고 나도 힘을 얻게 하는 사람들이다. '나쁜 놈'은 뒷말하고 내 아픈 일을 신나서 퍼다 나르는 자들. (본인은 당사자는 모르겠지…라고 생각하겠지만 그 사실을 다시 알려주는 사람들이 적지 않다.) '이상한 놈'은 위로를 한답시고 하는데 공감도 안 되고, 듣다 보면 오히려 기분이 나빠

공감 능력이 지배하는 세상에 대비하라

지게 하는 자들… 그야말로 위로를 어떻게 해야 하는 건지 모르는 사람들이다. 당신은 어디에 속하는가? 단언컨대, 절반쯤은 '이상한 놈'에 속할 것이다. 그만큼 위로한다는 것이 만만치 않다는 얘기다.

> **새암**　남친이랑 헤어졌다며? 괜찮아?
>
> **미현**　아직은 실감이 나지 않아. 버틸 만한 것 같기도 하고.
>
> **새암**　나도 헤어져 봐서 알아. 지금은 괜찮을 거야. 그런데 시간이 지나면서 점점 감정이 격해진다. 분했다가 슬펐다가…
>
> **미현**　이미 충분히 아파. 여기서 더 아프란 거야?
>
> **새암**　냉정하게 생각하라는 거야. 차라리 잘된 건지도 몰라.
>
> **미현**　뭐가 잘됐다는 거야? 넌 위로하는 거니? 화를 돋우는 거니?
>
> **새암**　아니, 이성적으로 생각하자는 거지.
>
> **미현**　됐다. 니 말 듣고 있으니까 더 미칠 것 같다.
>
> **새암**　그러게, 누가 헤어지래?
>
> **미현**　아, 나 이만 들어갈래.

여기서 새암은 위로할 때 해선 안되는 삼종 세트를 '뿜뿜' 쏟아내고 있다. 위로의 '키 코드'는 공감이다. 공감이 느껴지면 좋은 위로가 되고 그렇지 못하면 나쁜 위로가 되는 것이다. 새암의 위로는 상대로 하여금 공감할 수 없게 만든다.

첫째, 위로할 때는 잘난 사람이 되어선 안 된다. 잘난 훈계, 기 경험자로서의 조언, 선배로서의 지도…. 이런 것들은 위로가 아니 라, 화를 북돋우는 행위이다. 안 그래도 상처받고 비참한 기분인 데 누군가가 나의 못남을 지적한다고 생각해 보라. 생각만 해도 화가 나지 않나? 그러나 당신도 종종 이같이 할 것이다. 위로한답 시고 웅덩이에서 건져 주는 기분으로 조언의 말을 '툭' 던져 댄다. 특히 "내가 해봐서 아는데…" 따위의 말은 절대 금지어이다.

둘째, 위로는 이성적인 분석에서 나오는 게 아니다. 위로할 때 는 이성적이 되어서는 안 된다. 위로하는 자도 위로받는 자도 이 성적으로 접근해서는 답이 나오기 쉽지 않다. 이성적이고 분석적 인 태도는 실의에 빠진 사람이 충분한 시간을 보낸 후, 새롭게 출 발해야 할 때나 필요한 것이다. "이성적으로 생각해" 등의 말은 꺼내지 않는 것이 좋겠다.

셋째, 실의에 빠진 자의 실수, 아쉬운 부분 등을 지적하는 것 은 정말 바보 같은 짓이다. "왜 그랬냐?", "안 그랬으면 좋았을 텐 데" 등은 위로가 아니라, 비판의 말이다. 의외로 많은 사람이 아 쉬움을 표현한답시고 이런 말을 하곤 한다. 나쁜 놈 내지 이상한 놈이 되고 싶다면 이런 표현을 맘껏 쓰면 된다. 아마 그 사람의 지 인 명단에 '다시는 보고 싶지 않은 놈' 중 하나로 기록될 것이다.

그럼, 어떻게 해야 실의에 빠진 사람에게 '좋은 놈'이 될 수 있

공감 능력이 지배하는 세상에 대비하라

는 것인가? 비결은 사실 앞에서 이미 다 이야기했다. 나쁜 놈 내지 이상한 놈이 되는 방법을 거꾸로 풀면 된다.

첫째, 잘난 사람이 아니라 못난 사람이 될 필요가 있다. 잘 나서 막 떠드는 것보다는 아무것도 모르는 사람처럼 그냥 듣고 호응하며 긍정하는 것이다. 마음이 아픈 사람한테는 잘난 척보다는 바보스러운 호응이 훨씬 낫다. "아무 말도 안 하고 들어만 줬더니, '당신 참 말을 잘한다'고 하더라"라는 말이 있다. 듣는 것이 최고의 공감이다. 최고의 위로는 방청객 모드를 유지하는 것이다.

둘째, 감성적으로 접근하라. 안아주고 같이 울어주고 하는 것이 진정한 위로이다. 위로에 분석은 없다. 실의에 빠진 사람의 감정에 그대로 공감해서 말하고 행동하면 된다. 한 가지 팁을 주자면, 2인칭 표현보다는 1인칭 표현이 좋다. "그래, 너 맘이 너무 아프지?"보다는 "그래, 나도 맘이 참 아프다."가 낫고 "화가 많이 나겠다."보다는 "나도 화가 나네."가 낫다. 남의 일이 아니고 내 일로 느끼고 이야기할 때, 상대도 공감하고 위로받을 것이다.

셋째, 상대의 아픈 상황이 연상되는 단어는 언급을 피하라. 상대의 실수를 지적하지 않는 것에서 더 나아가 아픈 상황이 연상되는 단어조차도 꺼내지 않는 것이다. 위 사례라면 '남친', '헤어졌다' 등의 단어를 언급하지 않는 것이다. 충격을 받았을 때 빨리 벗어나는 방법은 당분간 그에 대해 생각하지 않는 것이다. 위로한답시고 자꾸 상기하게 만드는 것은 자기도 모르게 상대에게 비수를 꽂는 행위이다. 대신 덕담을 건네는 것이 위로의 비결이라면 비결이 되겠다. 같은 기독교인이라면 "하나님이 함께 계시니, 다 잘될 거야."라고 한다든지 "앞으로는 행복한 일만 있을 거야."라고 한다든지 말이다. 공감하게 하고 축복까지 해준다면 최고의 위로가 될 것이다.

> **새암** 괜찮아?
>
> **미현** 아직은 실감이 나지 않아. 버틸 만한 것 같기도 하고.
>
> **새암** 그래…
>
> **미현** 왜 이런 일이 생기는 걸까? 잘해보려고 했는데…
>
> **새암** 나도 울고 싶다. 이리 와. (안아준다)
>
> **미현** (조금 흐느낀 후) 고마워.
>
> **새암** 아팠으니, 이제 행복한 일만 생길 거야.
>
> **미현** 정말 그럴까?
>
> **새암** 그럼! 이제는 웃을 일만!
>
> **미현** 고맙다. 널 만나니까 정말 큰 위로가 되네…

이 정도 위로가 가능하다면 실로 위로의 달인이라고 할 것이다. 하지 말아야 할 것 세 가지와 해야 할 것 세 가지만 명심한다면, 당신도 위로의 달인이 될 수 있다. 이 땅의 '이상한 놈들'이 '좋은 놈들'로 업그레이드되길 기원하며!

I. '이상한 놈' 편

현진   이번에 퇴직했다고 들었어요. 기분 더럽겠어요.

정동   뭐, 이번 기회에 좀 쉬어야죠.

현진   어째요… 빨리 일자리 알아보셔야죠.

정동   예. 고맙습니다. 다음에 또 뵐게요.

현진   힘내세요.

정동   네…

II. '좋은 놈' 편

현진   자유인이 된 것을 축하합니다! ^^

정동   ㅎㅎ 그러게요 너무 오랜만에 자유를 찾았네요.

현진   워낙 능력이 출중하시니, 내년도 FA 최대 대어가 되셨네요.

정동   ㅋㅋㅋ 감사합니다. 표현이라도 그렇게 해주시니…

현진   멋진 미래 기원합니다!

정동   정말 고맙습니다~~

사촌이 땅을 사서 배가 아픈데
축하해야 한다면?

　우리나라에서는 추석이나 설 같은 명절이 되면 늘 스트레스를 받는 사람들이 있다. 전통적으로 대표적 '피해자'로 꼽히는 '며느리'들, 그리고 많은 친지의 잔소리와 질문 공세에 피곤한 '노총각/처녀', '취준생', '재수생'… 이 같은 전형적 피해자(?) 외에 돌발적으로 스트레스를 받게 되는 요인도 있으니, 사촌이 집을 사서 대박이 났다든가 고향 친구가 승진해서 연봉이 올랐다든가 등 부러운 상황이다. 이런 상황이 오면 부럽고 배알이 꼴릴 수도 있겠지만, 그럼에도 축하는 해야 하는 게 인지상정이다. 사촌이 땅을 사서 배가 아프지만, 축하 인사는 건네야 할 때…. 이게 오늘의 이야기 주제다.

공감 능력이 지배하는 세상에 대비하라

"부러우면 지는 거다." 우리나라 사람들은 지는 것을 정말로 싫어한다. 오죽하면 지느니, 죽겠다는 소리를 아무렇지도 않게 할까. 승부욕이 너무 강해서 세계에서 학구열도 가장 강한 나라 중 하나이고 상대적으로 적은 인구수에도 올림픽 능 각송 스포츠 대회에서 우승을 수도 없이 해낸다. 하여간 이렇게 지는 걸 싫어하는 사람들이 부러우면 지는 거란다. 즉, 지는 것만큼 부러운 상황이 싫다는 뜻이다.

그러나, 살다 보면 부러운 상황이 얼마나 많은가? 인스타그램 속에 잘 먹고 잘사는 장면만 봐도 부러운 것들이 수도 없이 넘쳐난다. 그런데, 부러워 죽겠는데 그래서 그냥 보고 있기도 싫은데 축하해야 하는 상황들이 생긴다. 안 들었으면 몰라도 보고 들은 이상, 관계를 위한 축하 인사를 건네지 않을 수 없는 것이다.

원이 수영아, 새로 집 샀다며? 축하해~ 나는 언제 산다냐?

수영 어. 고마워. 그냥 조그만 집이야. 호호.

원이 요즘처럼 집 사기 어려운 때 좋겠다. 그런데 이제 집값 떨어질 것 같다던데 괜찮을까?

수영 (눈동자가 살짝 흔들린다) 나도 그거 땜에 고민 많이 했는데, 어차피 내가 살 집인데 오르건 떨어지건 상관없다는 생각에서 샀어.

원이 그랬구나. 근데 기왕이면 회사 가까운 데로 하지… 너무 멀지 않아? 매일 출퇴근 개고생이겠다.

수영 (살짝 짜증이 난다) 난들 회사에서 먼 곳에 사고 싶었겠냐? 가까운 곳

은 너무 비싸니까 그렇지. 고생스러워도 할 수 없지, 뭐…

원이 하여튼 집도 사고 했으니, 밥 한번 거하게 사라!

수영 야야, 대출금이 얼만데… 이제 도시락 싸다녀야 할 판이다!

원이 치사하다, 야~

이런 상황 많이 보고 경험해 봤을 것이다. 원이는 지금 부러운 마음에 축하의 덕담이 아니라 악담에 가까운 말들을 내뱉고 있다. 그래 놓고 밥을 사란다. 이런 축하를 받고 무슨 밥을 살 마음이 생길까. 욕 안 하면 다행이지. 이렇게 축하하는 것은 안 하느니만 못하다. 축하하면서 서로 관계가 더 좋아져야 하는 것인데, 오히려 악화가 되었으니… 기왕에 축하의 말을 건넬 거면, 부러운 티 내지 말고 제대로 축하하자.

제현 수영아, 새로 집 샀다며? 축하해~ 그동안 고생 많았다.

수영 어. 고마워. 그냥 조그만 집이야. 호호.

제현 (웃는 얼굴) 네가 집 사는 거 보니까 덕분에 나도 희망이 생기는 것

같아.

수영 그래, 열심히 살다 보니까 이런 날도 오네. 너도 곧 오겠지.

제현 고마워. 나중에 집 먼저 산 선배로서 조언도 부탁해. 호호.

수영 그래! 내가 앞으로 내 집 살아보고 아쉬운 점들 잘 기록해 놨다가

공감 능력이 지배하는 세상에 대비하라

알려줄게.

제현 그래, 고맙다. 하여튼 집도 사고 했으니, 밥 한번 사라!

수영 물론이지. 내가 크게 한번 쏠게!

제현 친구가 집 사니까 밥이 생기네. 호호. (니奴서를 건네며) 이건 그냥 조 그만 마음의 선물이야. 새 집에 좋은 향기가 함께 하면 더 좋겠지?

수영 정말 고마워. 넌 정말 최고의 친구야.

여기서 제현은 수영이 부럽거나 배가 아프지 않아서 이렇게 진심 어린 축하를 한 것일까? 그렇다면 두 사람이 그야말로 '소 울 프렌즈' 관계이거나, 제현이 남들 잘되는 것을 기쁘게 생각할 수 있는 성숙한 사람이거나, 둘 중 하나일 것이다. 반면 그런 관계 나 사람이 아니라면 앞에서 봤던 원이와 수영의 대화로 이어져야 한다는 것인가? 사촌이 땅을 사서 아무리 배가 아파도 축하해야 할, 그것도 상대가 기뻐할 정도로 축하해야 할 경우들이 있다. 이 런 경우 어떻게 해야 할까?

부러워도 축하하는 법, 그 첫 번째는 진심으로 축하할 수 있 는 '마음'을 찾아야 한다는 것이다. 순간적으로 성인이라도 될 수 있으면 좋겠지만 비현실적이고… 어떻게 '진심으로 축하할 수 있 는 마음'을 찾을까? 상당히 번거롭고 쉽지 않지만, 확실한 방법이 있다. 축하받을 대상이 잘됨에 따라, 나한테 좋은 점을 찾는 것이다. 위 예에서 제현은 이미 그것을 찾은 듯하다. '저 친구가 집을 샀다면 나도 할 수 있겠다'라는 희망이 생겼다, 저 친구를 통해 조금 먼 지역에 집을 사는 장단점을 판단할 수 있겠다, 제대로 축하해 주면 비싼 밥 한번 얻어먹을 수 있겠구나 등등. 정 찾을 게 없다면 저 친구가 원거리 출퇴근하면서 고생하는 걸 보면서 내 생활에 대한 상대적 만족감이 있을 수 있겠다, 집 안 산 덕분에 이자 안 내고 사는 내 삶에 감사할 수 있겠다는 등 조금은 얄밉지만 '상대의 불행은 나의 행복'이라는 식의 좋은 점이라도 찾을 수 있다. 하여간 상대가 잘됨으로써 나한테 좋은 점을 찾아보라. 경험에 의하면 어떤 관계에 있는 사람이라도 그 사람이 잘돼서 나한테 좋은 점은 반드시 있다. 그것이 무엇이든 그 점을 발견하고 스스로 느끼면 진심으로 축하를 할 수 있게 된다. 축하할 수 있는 '마음'을 찾은 후에 축하의 말을 건네는 것이 뭐가 어려우랴.

두번째, '위로하는 법'에서도 비슷한 얘기가 있었는데, 축하할 때도 1인칭 표현이 좋다. '너 잘됐다', '너 좋겠다' 부류의 표현보다는 '나도 진심으로 기쁘다', '네가 잘되니, 나도 좋은 점이 있다' 부류의 표현이 상대로 하여금 진심의 축하를 받았다고 느껴지게 할 것이다. 이 세상에 내가 잘되자 남도 함께 기뻐해 주는 상황만큼 아름다운 장면이 또 있을까? 이 세상에 가장 좋은 친구는 함께 슬퍼할 수 있는 친구라고 했고, 그보다 좋은 친구는 함께 기

공감 능력이 지배하는 세상에 대비하라

뻐할 수 있는 친구라고 했다. 내가 함께 기뻐하는 모습을 보여 주는 것만큼 훌륭한 축하는 없다.

세 번째, 아무리 부러워도 상대의 기쁨에 흠을 찾고 언급해서는 안 된다. 우리 아버지 친구분 중에 그런 분이 있다. 친구의 집들이 자리에서 변기 물 내리는 소리가 조금 더 작아야 한다고 흠을 잡고, 친구 아들이 임원이 됐다고 하면 빨리 잘린다고 흠을 잡는… 그것은 아마도 수십 년 친구 관계 속에서 일종의 놀이처럼 이루어지는 의식인지도 모르겠다. 그러나 그 정도의 관계가 아닌 상황에서 이런 얘기들을 했다면 자칫 따귀 맞기 십상일 것이다. 앞의 대화에서 원이는 수영을 염려하는 척하면서 계속 트집을 잡았다. 그렇게 하는 것은 축하가 아니라 저주다. 아무리 결정적인 흠이라고 하더라도 축하 상황에서는 꺼내는 것이 아니다. 정 염려가 된다면 시간이 좀 지나고 나서 조용히 그것도 조심스럽게 언급하는 것이 맞겠다.

네 번째, 진심으로 축하의 마음을 전하고 싶다면 선물을 건네라. 말로만 축하하는 것보다 훨씬 더 큰 시너지를 만들어 낼 것이다. 우리 사회는 누군가 좋은 일이 생기면 남들에게 베풀어야 한다는 의식이 강하다. 그래서 생일이면 밥을 사야 하고, 합격해도 밥을 산다. 남들이 함께 기뻐할 명분을 만드는 의식이기도 하지만, 어떤 의미에서는 받았으면 공유해야 한다는 오랜 민족의식 때문인지도 모르겠다. 하여간 뭔가 남들에게 베풀어야겠다고 생각하던 차에 오히려 역으로 선물을 받았다고 가정해 보자. 그 사람은 둘도 없이 감사한 사람으로 여겨지고 자기 일처럼 기뻐하고 있다고 느낄 것이다. 이후 관계는 이전보다 몇 배는 가까워지겠지. 원래 기쁠 때 경계심이 풀어지는 법이고 이럴 때 '훅' 들어오는 사람은 '진짜 친구'로 느껴질 가능성이 높다.

　남이 잘된 것을 진심으로 축하해 주는 것은 사실 그 자체로 매우 멋진 일이라고 생각한다. 가족이나 친구, 지인이 잘됐을 때, 그것을 시기하지 않고 진심 어린 박수를 칠 수 있다는 것은 그 사람이 얼마나 성숙한 사람인가를 보여주는 증거가 아닌가. 난 그런 멋진 사람이 되고 싶다. 그러나 나는 성인이 아니고 주변에 사랑하는 사람만 있는 것도 아니기에, 때로는 그런 멋진 사람인 '척' 할 필요도 있다. '척'하더라도 제대로 '척'해보자. 그런 척했는데 아무도 그렇게 공감하지 못한다면 한마디로 '쪽팔린 것' 아닌가.

한마디 감사로
천 냥 빚을 갚는다

과거 어디선가 광고 중에 '감사하기가 참 어렵다'라는 CM 가사를 들은 적이 있다. 처음 접했을 때는 '아니, 감사하는 게 뭐가 어려워? 그냥 감사하다고 말하면 되지.'라고 생각했다. 그런데 다시 한번 생각해 보니, 정말 공감가는 얘기다. 우리는 매일 형식적인 감사 인사를 늘어놓지만, 정말 진심으로 감사하다는 마음을 표현하는 것은 어려운 일이다. 특히 상대로 하여금 '아, 정말로 고마워하고 있구나' 하고 느끼도록 만드는 것은 매우 어렵다.

우리는 일반적으로 무언가 호의적인 말이나 행동을 얻었을 때 감사의 인사를 건넨다. 그런데 한번 생각해 보자. 도대체 감사 인사는 왜 해야 하는 걸까? 감사하다는 마음을 표현하는 게 사회적 규약이니까? 혹은 그렇게 해야 다음에 다시 호의적인 말이나 행동을 얻을 수 있을 테니까? 둘 다 맞는 말이다. 그러나 나는 조금 더 나아가서 감사의 인사가 '공감의 표현'이자 '관계를 확인하는 말'이기 때문이라고 생각한다. 감사의 인사를 건넴으로써 우리는 상대의 호의에 공감한다는 표현을 하는 것이고 또한 우리가 같은 사회에서 서로 상호 호혜의 관계에 있다는 것을 확인하는 것이다. 앞에서 나는 공감은 인류가 개발해 온 생존의 수단이자, 집단을 구분 짓는 도구라고 이야기한 바 있다. 여기서 나아가 같은 집단 안에서 서로 상호 호혜의 관계를 확인하는 수단이 된다면, 감사의 인사가 가지고 있는 생존적 중요성은 더 말할 필요가 없을 것 같다.

재용 선배님, 도와주셔서 감사합니다.

태림 아, 지난번에 내 친구한테 잘 봐달라고 한 거?

재용 네. 고맙습니다. 제가 다음에 밥 한번 사겠습니다.

태림 별거 아닌데 뭐… 괜찮아.

재용 하여튼, 항상 건강하시구요.

태림 그래. 자네도 잘 지내.

태림으로부터 무언가 도움을 받은 재용의 감사 전화이다. 이 대화를 보고 무엇이 느껴지는가? 굉장히 많이 본 듯한 장면 아닌가? 그렇다. 우리가 보통 일상에서 많이 나눌 만한 수준의 대화이다. 그런데, 재용의 표현에서 충분한 감사의 마음이 느껴지는가? 그렇지 않을 것이다. 이렇게 우리 자신의 모습을 타자화해 놓고 보니, 평소 우리의 감사 인사가 뭔가 부족했었다는 생각이 든다.

재용 선배님, 지난번에 친구분께 전화해 주신 덕분에 이번 거래가 잘 성사된 것 같습니다. 감사합니다.

태림 어려운 일도 아니었는데 뭐… 마침 친한 친구라 그냥 잘 봐달라고 한마디 한 것뿐인데…

재용 아닙니다. 말씀해 주시지 않았으면 저희 제안을 그냥 지나쳤을 겁니다.

태림 그래? 도움이 된 건가? 그렇다면 나도 보람이 있네. 허허.

재용 곶감 좋아하시죠? 카톡으로 곶감 선물 보내드리려 합니다.

태림 오, 내가 곶감 좋아하는 거 어떻게 알았어?

재용 하하, 그 정도 조사는 해야죠. 이렇게 도와주셨는데…

태림 그 성의에 내가 오히려 고마워지네. 다음에도 필요하면 또 얘기하라고.

재용 하하, 말씀만으로도 벌써 감사해집니다.

태림 허허, 잘 지내고 또 통화하자고.

재용 네. 좋은 하루 되십시오!

태림 오케이~

보기에도 뭔가 많이 다르다는 것을 느낄 것이다. 자, 이 대화를 두고 제대로 감사 인사를 건네는 방법에 대해서 한번 살펴보자.

첫째, 감사할 때 가장 기본적인 것은 무엇에 감사하는 것인지 '감사의 대상'을 언급해야 한다는 것이다. 여기서는 태림의 '전화 한 통'이 그것이다. 앞의 대화에서는 그 부분이 빠져 있다. 그래서 오히려 태림이 그 대상을 지적하며 반대로 되묻는 상황이 연출됐다. 이래서야 감사의 마음이 제대로 느껴질 리가 없다. 감사하는 사람이 언급해야 할 내용을 감사받는 사람이 얘기하고 있으니, 그야말로 엎드려 절 받는 상황이 아닌가.

둘째, 감사 인사를 할 때 종종 선물을 건네곤 한다. 그런데 그 선물은 당연한 얘기지만 상대가 좋아하는 것이어야 한다. 오래전 얘기인데 후배들 여러 명이 돈을 모아서 집들이 선물을 한 적이 있다. 그런데 그 선물이 고가 브랜드의 '팬티 한 장'이었다. 그걸 받는 순간, 나는 그들이 장난을 치는 줄 알았다. 내가 평상시 팬티 브랜드를 중요시하는 사람도 아니었고 당연히 그 비슷한 얘기도 꺼낸 적이 없었다. 그런데 집들이 선물이 '팬티 한 장'이라니… 황당하기 이를 데가 없었다. 아마도 대표로 선물을 산 후배가 평소 이른바 '명품 빤스'를 좋아했던 모양이다. 그러나 선물은 그것을 받을 사람의 취향에 맞춰야 하는 것이지, 자기가 좋아하는 것을 해서는 안 된다. 내가 좋아한다고 상대도 좋아할 것이라고 생각하는 것은 오만이고 어리석은 생각이다. 아무리 멋진 선물이

공감 능력이 지배하는 세상에 대비하라

라도 상대가 싫어할 수 있다는 생각을 잊어서는 안 된다. 하여튼 두 번째 대화에서 재용은 태림이 무엇을 좋아하는지 알아보는 '수고'를 마다하지 않았고 그 마음은 태림에게 온전히 전해졌다. 그 수고의 태도야말로 감사의 인사를 의미 있게 만드는 포인트인 것이다.

셋째, 상대가 좋아하는 선물을 고르는 것 못지않게 중요한 부분이 있다. 바로 선물의 가치이다. 조금은 어려운 부분인데 선물과 감사의 표현은 고마운 행위 내지 표현과 '등가'여야 한다는 것이다. 고마움을 느끼는 행위에 비해 너무 초라한 선물은 당연한 얘기지만, 마음을 표현하기에 부족하다. 반면 너무 과한 선물을 하게 되면 다음 행위를 바라고 강요하는 '뇌물' 내지 '아부'로 느껴질 수 있고, 때로는 베푼 호의를 부끄럽게 만들 수도 있다. 즉 무언가 호의를 베푼 사람이 자신의 호의를 보잘것없다고 느끼게 되거나, 심지어 부끄럽다고 느끼게 만들 수도 있다는 것이다. 하여간 고마움을 표현하는 선물, 인사는 고마운 호의와 등가여야 한다는 점… 꼭 기억하면 좋을 듯하다.

마지막으로 가장 중요한 항목이다. 고마움의 인사는 마음에서 우러나와야 하는 것이다. 인간은 비언어적 커뮤니케이션이 매우 발달해 있는 동물이기 때문에 마음에서 우러나오지 않는 감사의 인사는 상대가 반드시 그렇게 느끼게 돼 있다. 서로 의례적이고 형식적으로 주고받으며 그것을 상대가 알아도 상관없는 상황이 아니라면 진심에서 우러나오는 감사를 건네야 한다.

그런데 감사의 마음이 우러나오지 않는다면? 사실 사람이 감사의 인사를 해야 하는 상황은 너무도 여러 가지여서 모든 상황에 진심으로 감사를 느끼기는 쉽지 않다. 그러므로 진심이 우러나는 감사 인사를 하는 법을 설명하기 위해 우리가 감사를 느끼게 되는 조건에 대해서 잠깐 언급할 필요가 있겠다. 우리가 진심으로 감사를 느끼게 되는 필요조건이 무엇일까? 감사를 느끼게 되는 조건이나 상황은 여러 가지가 있겠지만, 그 필수적이고 가장 핵심적인 요건은 바로 '만족'이다. 사람은 무언가 남의 호의가 있다고 해서 진심으로 감사를 느끼지는 않는다. 때로 원치 않는 호의도 있고 충분치 않다고 생각할 수도 있기 때문이다. 그러나 상대의 호의에 충분히 만족감을 느끼게 되면, 우리는 그에 대해서 진심으로 감사를 느끼게 된다. 즉, 상대의 호의에 만족하게 될 때 진심으로 감사하다는 마음이 생기게 된다는 말이다.

이를 거꾸로 풀어보자. 내가 상대의 호의에 대한 '만족감'을 표현하게 되면 상대도 감사의 인사를 마음에서 우러나온 것으로 느끼게 될 것이다. 위 두 번째 대화에서 재용은 '말씀해 주시지 않았다면 저희 제안을 그냥 지나쳤을 것'이라는 표현으로 당신의 행위가 충분히 만족스러웠음을 표현하고 있다. 즉, 나에게 충분히 의미가 있었다고 얘기하는 것으로 진심 어린 감사 표현이 성립되는 것이다. 물론, 진심으로 감사를 느끼고 그 마음을 자연스

공감 능력이 지배하는 세상에 대비하라

럽게 표현한다면 더없이 좋겠지만, 모든 상황이 그렇지는 못할 테니 최소한 진정성 어린 감사를 표현하는 방법이라도 알고 있다면 도움이 되지 않을까?

　우리가 살아가다 보면 감사를 표현할 일이 얼마나 많은가. 하다못해 식당에서 반찬 리필을 받는 것만 해도 감사한 일이다. 추가된 음식의 가치는 말할 것도 없고 리필하느라 수고해 준 행위, 또 그 마음 등… 그런데 이런 때도 앞에서 이야기한 '등가의 법칙'이 성립한다. "이렇게 음식도 더 주시고 리필도 해주신 수고에 진심으로 감사드립니다."라고 표현한다고 해보자. 아마도 장난친다고 생각할 것이다. 때론 조롱한다고 느끼는 사람이 있을 수도 있다. 표현이 지나쳐서 '등가의 법칙'이 훼손됐기 때문이다. 제대로 감사를 표현하고 싶다면 "음식이 참 맛있네요. 감사합니다." 정도로 표현하면 그냥 "고맙습니다"라고 하는 것보다는 훨씬 나을 것이다. 아무것도 아닌 것 같지만, 이 표현에는 '음식이 맛있어서 반찬을 다 먹었다.'라는 만족의 표현과 '맛있는 음식을 리필해준' 감사의 대상 행위가 생략돼 있을 뿐 다 포함되어 있기 때문이다. 이처럼 우리의 삶은 하루에도 감사를 표현할 일이 수도 없으니, 제대로 감사하는 법은 인생에 도움이 되는 지혜가 될 수 있다.

　'말 한마디로 천 냥 빚을 갚는다'라는 말이 있다. 이 말은 '말을 잘하면 처세에 도움이된다'는 지혜를 표현한 것이다. 그런데 나는 이 말을 이렇게 바꿀 수 있다고 본다. '진심 어린 감사 인사로 삶의 빚을 갚는다.' 진심이 느껴지는 감사 인사는 호의를 베푼 사람에게 만족감을 주고 만족감은 다시 역 감사로 이어진다. 감사해야 할 사람이 다시 감사를 받게 되는 셈이니, 이는 천 냥 빚을 갚는 것과 같은 셈 아닌가. 감사하는 사람만이 행복을 느끼게 된다는 격언도 있으니, 감사로 빚도 갚고 행복한 삶도 누리는 여러분이 되길 진심으로 기원한다.

수다쟁이 포용하기

　사람들과 이야기를 나눌 때 절대적으로 말이 많고 특히 자기 혼자 떠들어 대는 사람을 우리는 '수다쟁이'라고 부른다. 어떤 모임이든 여러 명이 모이면 수다쟁이가 반드시 한두 명쯤은 존재하는 것 같다. 그러다 보니, 수다쟁이라는 것이 사람들이 많이 모이면 필연적으로 생겨나는 집단적 소산물이 아닐까, 하는 생각이 들기도 한다. 혼자 있을 때 떠들어 대는 사람은 없을 테니까 말이다. 최근에는 21세기형 수다쟁이도 등장했다. 카톡방이나 밴드 같은 공간에서 전세라도 낸 것처럼 혼자 떠들어 대는, 이른바 '사이버 수다쟁이'가 적지 않은 것이다. 어떻게 저렇게 많은 말들이 떠오르는 건지 궁금한 한편, 저 에너지는 어디에서 오는 것일지, 의아하기도 하다. 때로는 그들의 에너지가 부럽기도…

끝없이 떠들고자 하는 욕망… 자신의 존재감을 증명하기 위한 하나의 방법일까? 그렇게만 이야기하기에는 뭔가 부족하고 확실히 그 이상의 무언가가 있어 보인다. 그래서 어떤 사람들은 말이 지나치게 많은 것을 '일종의 병'이라고 규정짓기도 한다. 실제 어떤 한의사는 그것을 뭔가 문제가 있어서 발현되는 '증상, 증후군의 일종'이라고 이야기하는 것도 봤다. 상식이나 합리로 해석되지 않는다고 병이라고 정의하는 건 지나쳐 보일 수도 있지만, 그만큼 사람들의 눈에 이질적으로 보인다는 이야기이다.

그렇다고 말이 많은 사람들이 무조건 환영받지 못하는 것은 아니다. 어떤 사람은 하는 말마다 재치와 위트가 넘쳐서 더 떠들어줬으면 하는 생각이 들기도 하니까. 떠든 대가로 돈을 받는 개그맨이라는 직업도 있으니, 사람들이 말이 많은 것을 무조건 싫어한다고 생각하는 것 역시 편견일 수 있다.

그룹 채팅… (141)

세희 다음 주 있을 우리 모임에 관해서 설명을 좀 드릴께요.

세희 다음 주 모임은 우리 산악회의 5월 정모이고 5월은 등산하기에 아주 좋은 계절이니까 모두들 필참 부탁드려요…

세희 장소는 다들 잘 알고 계시죠?

세희 요즘 북한산이 아주 분위기가 좋다네요. 연인들도 많이 모이고 젊

공감 능력이 지배하는 세상에 대비하라

은 친구들도 많구요⋯ 그날도 분위기가 아주 좋을 것으로 기대되네요.

세희 산행을 마치고 뒤풀이하는 장소랑 시간은 여기서 다시 언급하면 말이 길어지니까, 공지사항 잠고 부탁드려요.

세희 뒤풀이 장소 정하느라 저랑 이번 행사 준비 요원들이 아주 고생이 많았답니다. 주변에 맛집이 하도 많아서 하나하나 다 들러서 먹어보고 하느라, 배가 터지는 줄⋯ 호호⋯

세희 등산 모임 시간은 아침 6시로 할까, 하다가 너무 이르다는 의견이 많아서 7시로 했어요. 너무 늦으면 점심시간이 늦어질까 봐, 어쩔 수 없이 7시로 정했으므로 좀 더 늦은 시간을 원하시는 분들은 양해 부탁드리구요⋯

세희 (주저리주저리)⋯ (중략)

세희 이외에 혹시 문의 사항 있으면 총무인 저나 우리 모임 임원들한테 문의하시구요, 그냥 친한 분한테 물어보셔도 되는데, 결국은 또 저희한테 물어볼 테니까 그냥 저한테 문의하세요. 호호호.

서연 당일 비가 올 경우엔 어떻게 하나요?

세희 어머, 아주 중요한 부분 질문 잘해주셨어요. 역시 서연 님은 모범 회원님이시네요.

세희 사실, 당일 비가 와도 강행하자, 아니다, 위험하다는 등 다양한 의견들이 있었어요.

세희 특히 우리 회장님은 안전을 가장 중요시하는 분이니까, 당연히 취소해야 한다고 하셨구요.

세희 우리 서기님인 나회계님은 그래도 강행하자고 주장을 하셨는데… (이러쿵저러쿵)…

세희 부회장님이신 김삼식 님은 그래도 모였으니, 밥이라도 먹어야 하지 않겠냐는 의견을 주셔서… (쓸데없는 이야기들)…

세희 결국은 그래서 당일 비가 올 경우, 모이기로 한 장소에 일단 모인 다음에 파전집으로 바로 가기로 했어요.

세희 모여서 걸어가느냐, 차를 타고 가느냐도 중요한 문제인데…(이런 말 저런 말)…

세희 하여튼 비가 와도 뭐를 하든 일단 모인다는 점이 중요하겠네요.

윤서 혹시 당일 사정이 생겨서 못 가게 되면 총무님께 말씀드리면 될까요?

세희 에고, 당일 말씀하시면 제가 너무 정신이 없을 예정이라 곤란해요. 되도록 최소한 전날까지는 말씀 주셔야 해요.

세희 안 그래도 지난달 모임에도 정성일 회원님이 오신다고 했다가 당일날 못 오신다고 말씀 주셨는데 제가 정신이 없어서 체크를 못 하는 바람에 출발 시간이 30분이나 늦어졌었어요.

세희 … (중략) …

세희 하여튼 갑자기 당일 못 가게 되시는 분들은 저보다는… 아… 누가 좋을까요? 잠깐만요. 임원들하고 단톡방에서 얘기 좀 해볼께요…

(약 15분 후)

세희 오래 기다리셨습니다.

세희 임원들하고 열띤 토론을 했는데요, 당일 갑자기 참석 못 하시는 분은 나름의 사정이 있으시겠지요… 사람 일이라는 게 언제 어떤 일이 있을지 모르는 거고…

세희 저도 예전에 열심히 참석하던 모임이 있었는데요, 소소회라고 소소하게 잡담 나누고 하는 모임이었는데…

세희 정모 날 아침에 갑자기 강아지가 상태가 안 좋았지뭐예요… (이렇고 저렇고)….

세희 하여튼 그날 피치 못 하게 참석을 못 하신다면 부회장님이신 김삼식 님에게 연락하시면 되겠습니다.

정우 질문이 하나 있는데요, 비가 와도 모인다는 건가요?

세희 어머, 정우 님… 아까 그렇게 열심히 설명했는데… 남의 말에 경청을 좀 해주세요. 호호호.

세희 다시 말씀드릴 테니까 잘 들어주세요!

세희 회장님은 비가 오면 모이지 말자고 하셨지만, 서기님은 무조건 하자고 했고 이걸 절충해서 김삼식 부회장님은 비가 올 경우라도 같이 식사에 막걸리 정도는 하자고 하셔서… (주저리주저리)…

세희 결국은 비가 올 경우에는 일단은 모여서 식사 장소로 이동하는 걸로 했습니다.

세희 혹시라도 못 오실 경우, 김삼식 님께 연락하면 되겠지만, 설마 비온다고 안 오실 회원분들은 안 계시겠죠?

세희   오늘 안내는 이 정도로 간단하게 마칩니다!

세희   다음 주 모임에서 꼭 만나요. 여러분들 모두 보고 싶어요~

여기 단톡방에 들어가 있다면, "저는 모임을 탈퇴하겠습니다!"라고 말하는 사람들이 꽤 있을 것 같다. 141명이 모여 있는 카톡방에서 너무 한다 싶다. 세희의 톡을 줄인다고 줄이고 중략도 많이 했는데도 다 읽기 힘들 정도로 엄청난 수다이다. 왜 저렇게 하고 싶은 말이 많은 걸까? 세희의 톡을 보다 보니, 우선은 수다쟁이들에게 한마디 해야겠다는 생각이 간절해졌다.

저 대화에서 비 오는 날 어째야 하는지를 되물어본 정우를 따져보자. 정우가 잘못한 것일까? 세희의 톡을 제대로 안 읽었으니, 그의 잘못도 조금은 있다고 볼 수 있을까? 그런데 왜 읽어야 한단 말인가? 그 많은 말들을, 글들을…

지나치게 긴말이나 글, 계속해서 혼자 떠들어대는 말이나 잦은 글은 사실 상대를 무시하는 행위이다. 상대가 듣거나 말거나, 읽거나 말거나 나만 떠들면 그만이라는 심산이 바탕에 깔려 있기 때문이다. 말과 글은 기본적으로 청자와 독자가 있기 마련이다. 즉, 누군가 듣고 보라고 뱉어내는 것이다. 그런데 지나치게 길게 혼자만 떠들어 대서 상대의 집중력이 흐려지도록 만드는 것은 사실 듣지 말라고, 보지 말라고 하는 것이나 다름없다. 그래

공감 능력이 지배하는 세상에 대비하라

놓고 안 들었다고, 안 봤다고 원망하는 것은 일종의 갑질이라고 본다.

남들에게 무언가 말을 하고 글을 쓸 때는 한 번쯤은 생각하고 실행에 옮기는 것이 좋을 듯하다. 이 말이, 이 글이 남들에게 꼭 필요하거나 공감을 얻을 수 있는 내용인가? 상대가 집중할 수 있도록, 상대의 시간을 아낄 수 있도록 최대한 줄인 것인가? 하고 말이다.

남을 배려하지 않는 사람은 본인도 배려받을 자격이 없을 것이다. 마찬가지로 남을 배려하지 않는 말과 글은 상대가 듣고 봐야 할 이유가 없다고 생각해야 한다. 상대에 대한 배려, 상대 입장에서 생각하는 것은 말하고 글쓰는 사람이 갖춰야 할 일종의 '자격 요건'인 것이다.

승원 태희야, 어제 TV 봤어? 짠 남자라고 짠돌이 연예인들이 나와서 다른 사람들 사는 거 보면서 잔소리하고 코칭하는 프로그램이 있더라고… 보다 보니까 어이가 없어서 피식피식 웃음이 나와… 김종국은 물티슈도 빨아서 쓴대. 하하하. 거기다가 임우일이라는 개그맨이 나오는데 엄청나게 웃겨. 설정인가 싶을 정도로 짠돌이 디테일이 엄청나더라…(중략)…근데 보다 보니까 우리 친구 병말이 생각이 나더라. 걔 진짜 짠돌이잖아. 계산할 때 되면 항상 없어지고… (조잘조잘)… 맞아. 그러고 보니까 옛날 순풍산부인과에서 박

영규 씨 캐릭터가 그런 거였는데… 한 회차에서는 필사적으로 계산 안 하려고 하는 스토리도 있었는데 말야… (주저리 주저리)… 그때가 좋았었지.

태희 아, 승원아, 너 어제 골프친 건 스코어가 얼마였어?

승원 아이고 어제 엄청 안 맞더라고… 글쎄 첫 홀에는 파를 했는데…

태희 그래서 스코어가 얼만데?

승원 몰라. 95개였나? 아닌가? 100개 넘었나?

태희 참나. 어제인데 몇 개 쳤나 몰라?

승원 그러게… 요즘 기억력이 참…

태희 생각하고 있어봐. 나 화장실 좀 갔다 올게.

승원 어, 그래. 다녀와.

수다쟁이의 입을 닫게 만드는 방법은 뭘까? 물론 안 만나면 그만이겠지만, 말이 좀 많다고 절교까지 하는 건 과한 처사일 테니… 대신 너무 말이 길어질 때, 그야말로 수다에 필 받아서 막 달리고 있을 때, 그럴 때 조금 끊어주는 정도의 스킬이 있다면 어떨까? 사실 필 받은 수다쟁이에게서 벗어나는 것이 의외로 만만치 않다. 특히나 상대의 감정을 보호하면서 수다를 끊는 것은 더욱 어렵다. 그럼에도 몇 가지 스킬은 있다.

첫 번째 스킬은 앞의 대화에서 선보인 방법이다. 상대에게 곤란한 질문하기이다. 어떤 사람이나 말을 아끼고 싶은 주제나 분야가 있게 마련이다. 그런 내용을 언급하는 것이다. 저 대화 속에서 태희는 승원이의 약점이 골프 스코어라는 것을 알고 있다. 그래서 골프 스코어를 밝히라고 계속 추궁한다. 승원이는 대답하기를 수저하고 있다. 결과적으로 한동안 입을 닫게 될 것이다.

이 스킬을 사용할 때 주의할 점이 있다. 골프 실력이라든가 가벼운 약점을 건드려야지, 상대가 상처를 받을 만한 약점을 건드려서는 안 된다. 너무 당연한 얘기 같지만 상대방을 '닥치게' 만든답시고 상대에게 너무 가혹한 소재를 꺼내는 사람들을 꽤 많이 봤다. 한편, 골프 스코어를 가벼운 소재라고 얘기했지만, 그것은 상대적이다. 누군가에게는 골프 스코어도 가혹한 소재일 수 있다. 골프에 목숨을 거는데도 실력이 잘 늘지 않는 사람에게 집요하게 스코어를 물어본다면 그것은 일시적으로 입을 닫게 만드는 방책이 아니라 절교의 길이 될 것이다.

두 번째 스킬은 수다쟁이에게 중요한 혹은 공적인 질문을 던지는 것이다. 수다쟁이가 재미없고 시답잖은 주제로 신이 나서 떠들고 있을 때 다른 중요한 내용을 언급하는 것이다. "아, 맞다! 이번 프로젝트 데드라인이 언제더라?" 등 사소한 대화와 대비되는 중요한 내용을 질문하는 것이다. 주로 일에 관한 내용을 언급하면 된다. 이런 내용을 언급하면, 중요한 내용이니 말을 끊었다고 비난이나 항변을 당할 가능성도 낮고 수다쟁이 역시 무시할 수도 없을 것이다.

중요한 내용의 질문을 들었으니, 어떤 식으로든 답변할 수밖에 없고 그런 과정에서 수다의 맥이 끊기고 때로는 자신이 무슨 얘기를 하고 있었는지 기억이 나지 않을 수도 있다. 그 새를 놓치지 말고 다른 주제로 이야기를 돌리거나 다른 사람이 얘기하도록 유도하면 된다.

세 번째 스킬은 잠시 자리를 피하는 것이다. 수다쟁이들의 특징은 한번 '발동이 걸리면' 그 에너지로 '쭉' 가는 것이다. 따라서 그 걸린 발동을 끊어줄 필요가 있다. 가장 좋은 방법 중 하나는 대화 상대가 없게 만드는 것이다. 즉, 자리를 비우게 되면 대화 상대가 사라지게 되고 수다쟁이는 동력이 끊겨 지나친 수다도 자연스럽게 멈추게 된다. 수다에 지친 나의 심신을 잠시 달래는 여유를 가질 수 있는 것은 물론이다.

자리를 뜨기 위해서 일단 수다를 정지시키려고 앞의 두 스킬을 쓸 수도 있겠지만, 그것이 용이치 않다면 수다쟁이가 떠드는 동안 자꾸 시계를 보면 된다. 앞에서 상대가 계속 시계를 보면 아무래도 신경 쓰이게 마련이다. 아마도 두세 번 정도 시계를 보면 수다쟁이가 말을 멈추고 물어볼 것이다. 무슨 급한 일 있냐고. 그럴 때 일이 있다고 자리를 뜰 수도 있고 급한 통화를 해야 한다며 잠시 자리를 비울 수도 있을 것이다.

네 번째 스킬은 대화 주제를 내가 좋아하는 쪽으로 돌리는 것이다. 사람들이 상대의 수다에 질리는 이유는 재미가 없기 때문이다. 앞에서도 얘기했지만, 개그맨들의 수다는 즐기지 않는가. 그와 같은 맥락이다. 수다쟁이가 떠드는 것을 놔두되, 내가 듣고 싶은 주제로 떠들게 만드는 것이다. 수다쟁이야 사실 주제나 소재를 가리지 않고 떠드는 것 자체를 좋아할 가능성이 높기 때문에 상대가 열심히 들어준다면 더 신나서 떠들게 될 것이다.

대화 주제를 돌리는 방법은 그렇게 어렵지 않다. 이야기에 살짝 틈이 생겼을 때 내가 좋아하는 주제에 관해서 질문한다든가, 과거 에피소드를 언급한다든가 하면 그만이다. 수다쟁이는 그것을 그대로 받아서 신나게 떠들기 시작할 것이다. '형님도 좋고 아우도 좋고'의 스킬인 셈이다.

마지막 스킬은 조금 리스크가 있는 방법인데 상대의 말을 경청하지 않는 티를 대놓고 내는 것이다. 다른 생각을 하는 모양새를 보인다든지, 무언가 딴청을 피운다든지 하는 식으로 "나는 너의 말을 듣지 않고 있다"라고 표현하는 것이다. 이것은 조금은 극단적인 방법일 수 있지만, 사실 상대를 고려하지 않고 상대가 관심이 없는 주제로 떠들고 있는 수다쟁이에게 '이에는 이'로 돌려주는 전략인 셈이다.

이 스킬은 수다쟁이의 감정을 건드리는 수단이기 때문에 적극 권할 만한 방법은 아니라고 생각한다. 그럼에도 다른 방법이 없다면 최후의, 가장 강력한 수단이 될 것이다. 때로는 수다쟁이에게도 현실을 깨닫게 해 줄 필요가 있다. 자칫 수다쟁이라는 이유로 사회에서 왕따가 될 수도 있을 테니까. 따라서 어떤 면에서는 수다쟁이를 위한 처방이라고 말할 수 있을지도 모르겠다.

말이 많다는 것은 자기 인정의 욕구가 과하게 발현된 것이겠지만, 달리 보면 서글픈 외로움에서 나오는 행위일지도 모르겠다. 누군가에게 내가 살아있음을 이야기하고 싶은데 대화 상대도 없고 그래서 외로움에 몸서리치고 있는 그 때, 대화의 대상이 '짠' 나타났다면? 그런 순간에 얼마나 이야기를 꺼내고 싶을까? 나도 모르게 말이 많아지게 되지 않을까? 이렇게 생각해 보면 우리는 수다쟁이들을 비난만 할 것이 아니라, 품어주고 위로해 줘야 할지도 모르겠다. 어떻게 품어주고 위로해 주면 되냐고? 그냥 열심히 들어주면 된다. 가끔 맞장구를 쳐가면서… 그렇게 하면 아마도 나에 대한 호감도가 상상 이상으로 크게 치솟게 될 것이다. 그의 타오르는 욕망을 채워줬으니 왜 안 그렇겠는가?

하지만… 수다쟁이의 대화를 꾹 참고 들어주는 것이 그리 쉬운 일은 아니다. 오죽하면 웹툰이나 드라마 등에서 귀에 피가 나는 것으로 묘사하겠는가. 힘든 일이지만 피가 나지 않을 만큼만 포용하고 참아주자. 나 역시 누군가를 붙들고 떠들고 싶은 순간이 올지도 모르니까 말이다. 세상은 돌고 돈다. 그리고 수다도 돌고 돌 것이다.

공감 능력이 지배하는 세상에 대비하라

골프는 내 편을 만드는 데 도움이 될까? 친구를 만드는 핵심 비법

요즘 사회생활에서 골프가 꼭 필요하다고 말하는 사람들이 적지 않다. 돌이켜 보니, 나 역시 그런 얘기를 몇 번 했던 적이 있었던 것 같다. 골프가 확실히 다른 사람들과 관계를 이어 나가는 데 도움이 되긴 한다. 한번 필드를 나가면 게임 전 식사, 게임 후 식사를 포함 대략 7~10시간 정도는 함께 하게 되어 자연스럽게 서로 간의 벽을 허물고 친해질 기회가 되는 것이 사실이다. 이런 이유에서 골프야말로 사람들 간의 네트워킹에 가장 좋은 수단이라고 얘기하는 이들이 적지 않다.

윤하   처음 뵙겠습니다.

영민   네, 잘 부탁드립니다.

(이런저런 얘기를 하다가)

윤하　그런데 우리 예전에 어디서 봤던 것 같지 않나요?

영민　그러게요. 저도 사실 그런 생각을 하고 있었습니다.

윤하　뭐 기자와 홍보하는 분들 간에 워낙 접점이 많으니, 어디선가 봤
　　　　던 거겠죠.

영민　하하, 그러게요…

(식사를 마치고)

윤하　오늘 너무 즐거웠습니다.

영민　네. 시간 내 주셔서 감사합니다!

(서로 헤어진 후)

영민　(핸드폰으로 통화) 관명 형, 박윤하 부국장이라고 형 아시죠?

관명　어, 잘 알지. 갑자기 왜?

영민　아니, 오늘 같이 점심을 먹었는데 아무래도 옛날에 어디서 봤던
　　　　사람 같아서요… 형이랑 같은 회사니까 혹시나 해서요…

관명　나 참, 몇 년 전에 너랑 나랑 박 부국장이랑 같이 골프 쳤었잖아.

영민　헉, 그랬나요?

관명　그래. 둘 다 서로 기억 못 한 거야?

영민　네… 황당하네요… 허허.

8, 9년 전에 실제로 있었던 대화이다. (영민 역이 나이다.) 모 언론사
데스크와 점심을 먹었는데 몇 마디 얘기를 나누다 보니, 아무리

생각해도 과거에 만난 적이 있던 사람이란 생각이 들었다. 상대도 그런 생각이 들었는지, 전에 어디서 만난 적이 있었는지, 잠깐 얘기를 하다가 서로 생각이 나지 않아서 그냥 포기하고 말았다. 그런데 알고 보니, 몇 년 전에 같이 골프를 쳤던 사람이었다. 골프가 네트워킹에 그렇게도 좋은 도구라면 왜 이런 일이 생기는 것일까? 그 이유를 분석해 보자.

우선 당시 나는 일 년에 수십 번씩 라운딩을 나갔었다. 그리고 거의 대부분의 라운딩마다 모르는 사람들이 한둘씩 끼게 마련이었다. 그러다 보니 숱하게 많은 사람들을 라운딩을 통해서 만났고 골프를 통해 새로운 사람을 만나는 것이 어느 순간 '너무 잦은 일'이 돼 버렸다. 상대 데스크도 마찬가지였다. 그러니 함께 라운딩한 사람들을 전부 기억한다는 것은 보통의 기억력으로는 쉬운 일이 아니었다. 그것이 첫 번째 이유이다.

두 번째로 골프 라운딩 당시 그 기자와 나는 서로 직접적인 이해관계가 없는 사이였다. 그는 당시 산업부 데스크였고 나의 주 관계 대상은 문화부 내지 방송통신위원회 출입 기자였다. 그러니 서로에 대한 업무적인 연결점이 크지 않았다. 즉, 비즈니스적으로 서로에 대한 관심이 없었다. 그러다가 내가 회사를 옮겨 산업부 데스크들을 만나기 시작하면서 몇 년 만에 다시 만나게 된 것이었다.

세 번째 이유가 가장 중요하다. 당시만 해도 나는 사람을 만날 때 한 사람 한 사람한테 집중하려는 마음가짐이나 의지가 없었다. 이 글을 읽는 많은 사람이 경험해 봤겠지만, 어떤 사람을 만나든 그 사람을 반드시 기억해야겠다는 마음이 없으면 두 번, 세 번을 만나도 기억 못 하는 경우가 종종 있다. 즉, 만나는 형식이 중요한 것이 아니라 태도와 의지가 더 중요하다는 것이다.

이러한 이유를 살펴보면 골프는 그 자체로 절대적인 네트워킹 해법이 아닌 듯하다. 그럼, 누군가는 이렇게 얘기할 수도 있다. 원래 만남이라는 것이 한 번에 함께한 시간이 중요한 것이 아니고 빈도가 중요한 것이라고. 그러니 골프도 모임을 통해 반복적으로 만나든가, 혹은 골프가 아닌 다른 분야라도 동호회 같은 것을 통해 반복적으로 만나는 것이 훨씬 효과적일 것이라고.

분명히 골프가 꼭 필요하다고 얘기하는 것보다는 훨씬 설득력이 있는 메시지이다. 그러나 서로 형식적으로 만나고 이해관계도 없고 집중하고자 하는 마음가짐도 없다면 몇 번을 만나도 큰 차이가 없을 것으로 생각한다. 그렇다. 하고자 하는 얘기는 바로 이것이다. "마음을 다하고 뜻을 다하지 않는 만남은 의미가 없다."

4, 5년 전부터 나는 사람을 만날 때 허투루 만나지 않으려고 애를 쓴다. 누구를 만나든 어떤 이유로 만나든 그 만남에 집중하려고 노력한다. 과거에는 그렇게 하기 위해서는 '이유'가 중요했다. 비즈니스적으로 중요한 사람이든, 무언가 인생에 도움이 될 법한

사람이든, 아니면 마음이 너무나 잘 맞아서 친하게 지내고 싶은 사람이든… 집중할 만한 이유가 있을 때만 집중했다. 너무 많은 사람을 만나다 보니, 어쩌면 당연한 것이었는지도 모르겠다. 그러다가 어느 순간 그 만남의 수가 조금 줄어들자, 사람을 만나는 태도에 대해서 다시 생각하게 됐다.

과연 나에게 도움이 되는 사람이란 누구인가? 아니, 도대체 누가 진짜 나에게 도움이 되는 사람인지 미리 알 수 있는 방법이 있을까? 특히 경제적인 부분을 넘어 인생이라는 넓은 범주에서 볼 때 누가 나에게 진짜 중요한 사람일 것인가? 여기까지 생각이 미치자, 만남에 대한 태도가 달라지기 시작했다. 만나는 한 사람 한 사람에게 최대한 집중하려고 노력하기 시작한 것이다. 사회적 지위와 나이, 성별을 떠나서 그 순간의 만남에 집중하려고 노력했고 그 이후에도 그 사람을 기억하기 위한 노력을 하기 시작했다. 핸드폰에 기록된 연락처에 몇 가지 메모를 한다든지 하는 방식으로 말이다. (과거에는 집중하고자 하는 사람일 경우에만 그렇게 했다.)

나는 요즘 후회한다. 사람을 만나는 태도를 조금만 더 일찍 바꿨다면 얼마나 좋았을까? 뒤늦게라도 깨달은 것이 너무나 다행이지만, 10년만 더 일찍 이런 것을 깨달았다면 아마도 지금의 내 삶은 훨씬 더 풍성해졌을 것이다. 인격적으로나, 사회적으로나 경제적으로 모든 부분에서 말이다. 그래서 이 책을 읽고 있는 분들에게 강권하고 싶다. 바로 지금이라도 다른 사람을 대하는 태도를 다시 생각해 보고 변화하시라고. 이미 이런 것을 알고 있다면 진심으로 축하드린다. 당신은 인생의 두 단계쯤은 남들보다 앞서 나가고 있는 것이다.

중요한 것은 사람을 만날 때 전심을 다 해야 한다는 덕목이다. 사실 이 책이 '몸값론'에 대한 것이니까 '누가 나에게 도움이 될지 모르기 때문'이라고 표현했지만, 사람을 자기에 대한 도움, 가치 등으로 평가해서 만난다는 것 자체가 '하수의 사고'이다. 성현이라고 하는 우리 인생의 '선배 고수들'이 그렇게 말하지 않았던가. "사람을 가려서 만나되, 골라서 만나지는 말라"고. 인생에서 나에게 진짜 의미 있는 사람이 누구인지는 아무도 알 수 없다. 오직 신만이 알고 계실 것이다. 그러니 나에게 오는 소중한 인연들을 계산으로 걷어차지는 말자. 이것이 오늘의 결론이다.

"골프는 네트워킹에 도움이 될 수 있다. 다만 골프장에 나가는 마음가짐이 준비되어 있을 때 그렇다."

공감 능력이 지배하는 세상에 대비하라

2장

가화만사성, 갈등 줄이기

연인 혹은 가정은
거짓말로 지켜지는가?

　AI 시대 몸값을 이야기하면서 왜 갑자기 연인과 가정에 관한 이야기를? 하고 생각할지 모르겠다. 그런데 인간이 AI와 다른 차이점들 중 하나가 바로 가정, 혹은 연인 관계가 존재한다는 것이다. '가화만사성'이라는 오래된 이야기처럼 평안하지 않은 가정은 인간이 AI 대비 갖게 되는 결정적인 약점이 될 수 있다. 평안한 가정이 인간 몸값에 결정적인 변수가 된다는 이야기이다. 반대로 행복한 가정은 인간의 생산성 향상에 큰 도움이 된다고 알려져 있다. 이 책의 주제와 무관하지 않다는 뜻이다.

　연인과 가정을 지키고 파괴하는 데 여러 가지 변수가 있겠지만, 때로 사람들이 연인 혹은 가정을 지킨답시고 하는 거짓말이 큰 논란거리일 것이다. 이번 챕터는 바로 그것에 관한 이야기이

다. '사랑을 지키기 위한 거짓말.'

사람과 사람이 관계를 유지하면서 온전히 솔직해야 하는 걸까? 아니면 때로는 적당히 선의의 거짓말을 하는 것이 필요할까? 여기에 확실한 정답은 없을 것이다. 상황에 따라 철학에 따라 관계에 따라 달라질 테니까. 그럼에도 어떤 식으로든 답변을 내놓아야만 한다면, '듣는 사람 처지에서 생각하고 결과적으로 관계에 도움이 되는 선을 찾으라'라고 말하고 싶다. 다만 거짓말을 하기로 결정했다면 그 뒷감당은 각오해야 할 것이다. 거짓말의 대가는 크니까.

조금은 융통성이 떨어지는 후배가 하나 있다. 그의 실명을 언급할 수는 없으니, 여기서는 철우라고 부르자. 어느 날 철우가 친구들을 따라 헌팅포차를 가게 됐다고 한다. 그냥 술이나 마시자고 해서 휩쓸려 간 건데 본의 아니게 여자들이랑 부킹도 하고 그렇게 됐단다. 아마 분위기에 취해서 술을 좀 많이 마신 모양이다. 술이 떡이 돼서 집에 들어갔더니, 와이프의 꾸중과 추궁이 사나웠다고. 겁을 먹었던 걸까? 조목조목 있었던 일들을 '고해성사'했단다. 철우의 너무나도 솔직한 고백에 그의 처는 감복한 나머지 모든 것을 용서하고 꿀물을 타 주면서 지친 철우의 몸과 마음을 잘 추스려줬다…고 결론이 나오면 좋겠지만, 당연히 그럴 리가 없

공감 능력이 지배하는 세상에 대비하라

다. 철우의 고백에 그의 처는 머리끝까지 화가 났고 큰 다툼이 일어났으며 후유증 또한 커서 그 후로 며칠 동안 냉전과 열전 사이를 오갔다고 한다.

뭐가 문제였을까? 아니, 이런 경우는 어째야 하는 걸까? 당연한 얘기지만 술을 마셨더라도 아내와 분란이 생길 만한 장소에는 가지 않았다면 문제가 없었을 것이다. 그러나 본인의 의지이든 아니든 사고는 일어났고 그 뒷수습은 해야 하는 상황. 철우는 우선 부인의 처지에서 생각했어야 했다. 그런 술집을 가는 것이 아무렇지도 않다는 서로 간의 합의가 있지 않은 다음에야 남편이 그런 곳에 갔다는 사실을 아무렇지 않게 받아들일 아내는 별로 없을 듯하다. 솔직하지 못할 바에야 그냥 헤어지는 게 낫다는 철학이 아니라면 적당한 선에서 이야기하는 것이 나았다고 본다. 아니, 고해성사할 정도의 강한 죄책감이라면 그런 곳에 가지를 말았어야지, 내 양심 편하자고 와이프 인내심을 시험하는 꼴 아닌가. 다만 '적당한 선'을 어떻게 설정할 것인가는 각자의 몫이다.

이후에 이야기를 전해 들은 철우의 친구들은 철우에게 '바보 같은 놈'이라고 질타를 퍼부었다고 한다. 그걸 왜 다 솔직히 얘기하냐고, 이혼이라도 할 셈이냐고… 이에 철우는 다음에는 절대로 그렇게 있는 그대로 얘기하지 않으리라, 다짐했단다. (그런 곳에 가지 않겠다고 다짐하지… 쩝…)

얼마 후, 철우는 학교 동아리 선후배들과 술자리를 하게 됐다.

그런데 그 자리에는 여자 후배들이 상당수 있었던 모양이다. 아무래도 여자 후배들과 함께 술을 마신다고 하면 와이프가 좋아할 리 없을 터. 또 얼마 전 경험도 있고 하니, 철우는 거짓말을 하기로 결정한다. 비즈니스 자리가 있다고 했단다. 그러고는 즐거운 자리를 갖고 집으로 돌아갔는데… 그날따라 철우의 처가 우연히 철우의 핸드폰을 들여다보게 됐단다. 여자 후배들과 함께 밀착해서 찍은 사진들이며 즐거웠다는 카톡 메시지 등이 발각된 모양이다. (부부 사이라도 남의 휴대폰을 훔쳐보는 것은 불법이다. 자투리 상식.) 난리가 났을 것은 자명하다. 알게 된 '사건'에도 화가 나는데 거짓말까지 했으니… 결국 다시 '와장창' 전쟁이 일어났고 이번에는 신의까지 잃었으니, 이전보다 더 오랜 기간 갈등이 지속됐다고 한다.

철우는 어떻게 해야 했을까? 자꾸 말하지만, 정답을 확정 짓기는 어렵다. 다만, 이 후배는 큰 잘못을 하나 저질렀다. 거짓말을 했다는 것이다. 상대의 입장에서 생각한 것까지는 좋았다. 그러나 거짓말이 발각됐을 경우도 생각해야 했다. 모든 거짓말은 언젠가 탄로가 날 수 있다는 가정을 해야 한다. 그래서 중장기적 관계를 생각한다면 연인이나 부부간에 거짓말은 바보 같은 전략이다. 친구들과 자리가 있다고 하든지, 하여간 거짓말이 아닌 범주에서 얘기했다면 어땠을까? 이 경우에는 차라리 솔직하게 얘기하고 한바탕 하는 편이 나았을지도 모른다.

연인이나 부부 간의 대화에 대해서 어떤 조언을 한다는 것은 참 어려운 일이다. 각자의 환경에 따라, 개인 성향에 따라 각양각색의 관계를 맺고 있을 가능성이 크기 때문이다. 저 후배 부부역시 그들 나름의 대화법과 관계의 방정식이 있을 테니, 이를 일반화해서 말하는 것은 적절치 않아 보인다. 그래서 이 에피소드를 통해 뽑아낼 수 있는 교훈을 짧게 정리하자면 이런 정도일 듯하다.

"항상 상대 입장에서 생각하고 말을 건네라. 그리고 이후 관계를 생각하라. 관계를 생각한다면 거짓말만큼은 절대 금물이다."

정리하고 보니, 너무 교과서 같은 뻔한 결론이 나오고 말았다. 그러나 교과서 위주로 공부해야 만점이 나오는 법이라고 하지 않나. (학력고사, 혹은 수능 만점자가 교과서 위주로 공부했다는 말을 안 믿는 사람들이 많다. 과거 나도 그러했다. 그러나 나이를 조금씩 먹어가면서 그 말이 사실일 수 있겠다는 생각이 점점 굳어져 간다. 이것저것 파는 것보다는 한 우물을 깊이 파는 것이 진짜 실력으로 이어질 가능성이 크기 때문이다.)

병은   아니 밤늦게까지 어디 다녀오는 거야?

명서   어, 미안해. 친구들 만났어.

병은   술 마신 거야? 보니까 술은 안 마신 것 같은데?

명서   사실은 친구들이랑 포커 쳤어. (사실은 휩쓸려서 카지노에 다녀왔다.)

병은 아니, 왜 갑자기 포커를? 당신 그런 거 별로 안 좋아하잖아?

명서 그게 어쩌다 보니, 휩쓸려서 그렇게 됐네.

병은 돈은? 땄어? 잃었어?

명서 에이. 뭘 그런 걸 물어. 내가 포커를 칠 줄 아나? 문외한인데… 아
무래도 조금 잃었지, 뭐. (카지노에서 30만 원을 잃었지만, 구체적 액수는 얘
기하지 않는다.)

병은 에이, 이제 그런 거 하지 마.

명서 어. 안 그래도 다시는 안 하려고.

이 대화에서 명서는 사실은 친구들과 휩쓸려서 (불법인지 합법인지
모르겠지만) 카지노를 다녀왔다. 30만 원을 잃었는데, 개인적으로는
꽤 큰 돈을 잃었다고 생각하고 있다. 그러나 이를 있는 그대로 다
이야기하면 병은은 남편에게 실망하게 될 것이고 아마도 둘 간에
적지 않은 갈등의 씨앗이 될 수도 있다. 자칫 도박 중독이니, 상
습 도박꾼이니, 말도 안 되는 오해까지 받을 수도 있다. 이런 상
황에서 명서는 이 정도 선을 지키는 것이 상대를 배려하고 거짓
말도 하지 않는 방법이라고 판단했을 것이다.

거짓말로 사랑을 지킬 수는 없다. 그러나 '적당한 선'이라는
것은 분명히 존재한다. 거짓말을 하지 않고 '적당한 선'에서 털어
놓는 것… 나름대로 차선책으로 사랑을 지키는 방법이다. 제일
좋은 것은 이런 고민되는 일을 아예 만들지 않는 것이겠지만, 세

공감 능력이 지배하는 세상에 대비하라

상 살아가면서 배우자나 애인의 입맛과 가치관에 100퍼센트 맞추면서 살아가는 사람이 있을까? 조금 더 일상적인 사례들을 들여다보자.

인호 당신 어디 갔다 왔어? 복장 보니까, 또 골프쳤구만. 우리 형편에 골프 좀 자제하라니까.

애미 아니~ 재인이가 보태준다고 해서 쳤지. (사실은 캐디피만 내줬다) 돈 많이 안 들었어.

인호 어휴, 못 말린다. 이제 그만 좀 쳐. 그 돈 있으면 차라리 뭐 다른 걸 배워.

애미 미안. 자제할게.

골프 치는 비용을 아깝게 생각하는가, 그렇지 않은가는 개인의 가치관 문제이다. 인호는 골프 비용이 너무 아깝다고 생각한다. 그러나 애미의 관점에서는 자신들이 그 정도 여력은 되고 평일 골프는 큰돈이 들어가는 것도 아니라서 충분히 칠 수 있다고 생각한다. 그렇지만 얼마가 들었고 등등 있는 그대로 털어놓고 남편과 싸울 생각은 없다. 그래서 미리 명분을 만들었던 모양이다. 친구 재인에게 '캐디피 돌아가면서 내자. 이번에는 네가 내고 다음엔 내가 내고…' 뭐 이런 식으로… 거짓말을 하지 않으면서 얘기할 수 있는 '적당한 선'을 만들어 낸 것이다. 배우자나 애인과 가치관의 차이에서 비롯된 갈등 요인이 있다면 '적당한 선'이 무엇일지 고민해 보는 것도 나쁘지 않을 듯하다.

선미 은국씨네 상갓집에서 밤새운 거야?

병갑 어. 너무 피곤하다.

선미 적당히 새벽쯤 들어오지.

병갑 에이~ 은국이가 서운해 하지. 어떻게 그래?

선미 어? 자기야, 바지가 왜 그렇게 더러워? 어디 야외에 있었어? 당신 혹시 낚시 다녀온 건 아니지?

병갑 (당황하며) 아이고, 설마 장례식 복장으로 낚시터에 다녀왔겠어? 상갓집이 좁아서 마당에 돗자리를 깔아 놨더라고. 옛날식으로…

선미 정말이지? 아무래도 이상한데… 거짓말이면 정말 재미없어!

맞다. 거짓말이다. 여기서 병갑은 '적당한 선'을 만든답시고 거짓말을 준비했다. 검은 양복을 입고 낚시를 다녀온 것이다. 실제로 예전에는 검은 양복 차림으로 낚시터에 가는 사람들이 꽤 많았다고 한다. 아마도 상갓집에 간다고 하고 갔을 것이다. 하여간, 이처럼 치밀하게 준비한 거짓말은 그 정성 때문에 용서받을 수 있을까? 아닐 것 같다. 발각되면 그 치밀함 때문에 더 큰 문제가 될 수도 있다. 일종의 계획범죄니까. 이후로는 솔직한 이야기도 거짓말로 여겨질지 모른다.

공감 능력이 지배하는 세상에 대비하라

이제 결론을 짓자. 하나만큼은 분명하다.

"연인 혹은 가정은 거짓말로는 지켜지지 않는다!"

거짓말 잘하는 법

　사람들은 흔히 거짓말은 인간만 할 수 있는 '짓'이라고 생각한다. 그러나 사실 동물들도 거짓말, 아니 거짓 행동을 한다. 원숭이나 개처럼 지능이 높은 동물들은 때로 간식을 얻어먹기 위해서 혹은 혼날까 봐, 무언가를 '한 척' 혹은 '안 한 척'하곤 한다. 어쩌면 '거짓'이란 것이 모든 생명체의 DNA에 새겨진 '생존 전략' 중 하나가 아닐지, 생각해 본다.

　그런데 몇 년 전, 비교적 AI 개발 초기에 "인공지능도 거짓말을 할 수 있다"라는 사실이 밝혀졌다. 많은 사람들이 충격을 받았다. 동물은 그렇다 치고 생명이 없는 AI가 거짓말을 한다니… 그냥 명령대로만 움직이는 존재가 아니라는 사실에 많은 이들이 충격을 받은 것이다. 언젠가 인간의 명령을 거부할 수도 있다는 암시까지 받은 셈이니까. 하여튼 이래저래 거짓말에 대한 관심이 많은 시대이다. AI의 거짓말까지도 고려해야 하는 시대이니 말이다. 하여튼 그래서 이번 주제는 '거짓말'이다.

　본격적으로 이야기를 이어 나가기 전에 우선 고백부터 한다. 나는 제목에서 거짓말을 했다. 거짓말 잘하는 법이라고… 제목이 거짓말이다. 오랜 시간 나름대로 연구해 본 결과, '거짓말 능력'은 상당 부분 선천적으로 타고나는 것이다. 거짓말 잘하는 비법 같은 건 없다고 봐야 한다. 나만 해도 거짓말이 잘 간파되는 스타일이다. 오랫동안 지켜보고 그 요령을 익혔음에도 거짓말을 잘 못한다. 자신을 대상으로 한 '임상실험' 외에도 지켜보면 볼수록 거짓말을 잘하는 사람들은 따로 있다는 느낌이 더욱더 강해진다. 단언컨대, 우리가 거짓말의 요령을 배운다 해도 갑자기 거짓말 실력이 늘기는 매우 어렵다. 그럼에도 우리 같은 '범인', 이른바 '머글'들도 적어도 '거짓말의 수법'을 알아둘 필요는 있다. 그래야 다른 사람들의 거짓말에 속지 않거나 피해를 최소화할 수 있을 테니까.

현희 제발 제 말 좀 믿어주세요. 정말로 어제 리포트를 다 작성하고 잤는데, 파일이 날아가 버렸어요. 정말입니다.

승헌 나보고 그 말을 믿으라고? 지난번에도 똑같은 핑계를 대더니…

자네 교수를 바보로 아나?

현희   사실 지난번에는 거짓말이었는데, 이번에는 진짜입니다. 정말 억
울합니다.

승헌   뭐? 지난번에는 거짓말이었다고? 좋아. 이번에는 믿어주지. 그러
나 지난번에 거짓말했으니, 자네는 F 학점이네.

현희   헉! ㅠㅠ

'거짓말 바보'의 유형이다. 같은 내용으로 반복 거짓말을 했기 때문이 아니다. 대화 중에 보면 '정말이다', '믿어 달라' 등의 말들을 남발하고 있는데, 이는 '나는 거짓말을 하고 있습니다.'라고 얘기하는 것과 다름이 없다. 이런 말을 하면 사실을 얘기해도 거짓말처럼 들린다. '믿어 달라'는 것은 상대가 믿지 않고 있다는 것을 전제하는 것이므로, 이것을 들은 상대방 역시 믿지 않고 있는 상태를 유지하게 된다. '인지부조화'를 방지하기 위함인데, 사람들은 일반적으로 무언가 생각이나 태도가 정해졌을 때, 일관된 자세를 유지하고자 하는 경향이 있다. 자신의 태도나 행동이 모순되어 불균형 상태가 생기는 것을 매우 불쾌하게 여기기 때문이다. 그러므로 차라리 '믿으시리라 생각합니다' 등의 말로 상대방의 생각을 흔들어 놓는 것이 낫다. 굳이 믿지 않는다는 것을 확인시켜 줄 이유가 있을까? 어쨌든 '믿어 달라'는 부류의 말은 '거짓말 바보'들이 구사할 어구라는 것만 기억해 두자.

공감 능력이 지배하는 세상에 대비하라

현희   교수님, 어제 학교 앞 커피숍에서 제 노트북을 도둑맞았습니다. 경찰에도 신고하고 커피숍 CCTV도 확인하고 했는데, 아직 범인을 못 잡았습니다.

승헌   아이고, 그게 정말인가? 어쩌나?

현희   미치겠습니다. 공교롭게도 덕분에 리포트도 제출을 못 하게 됐습니다. 며칠만 시간을 주시면 꼭 다시 작성해서 제출하겠습니다.

승헌   뭐? 자네 혹시 거짓말하는 것 아닌가?

현희   아이고, 제가 감히 교수님께 거짓말하겠습니까? 학교 앞 커피숍이라, 확인하시면 금방 들통날 텐데요…

승헌   (의심스럽지만) 일단 알겠네. 이틀 줄 테니, 다시 작성해서 제출하게.

'거짓말 하수'의 수법이다. 거짓말을 하되 스케일 크게 해서 상대에게 믿을 수밖에 없도록 만드는 방법이다. 그러나 상대가 거짓 여부를 확인하고자 하면 확인이 가능할 것이고 그만큼 리스크가 큰 거짓말 수법이다. 여기서도 승헌은 끝까지 의심의 눈초리를 거두지 못하고 있다. 치밀한 사람이라면 실제 확인을 시도할 가능성이 크다. 거짓말을 성공시킬 가능성은 '거짓말 바보'보다 커졌지만, 여전히 리스크가 너무 크기 때문에 '거짓말 하수'의 수법이라 명명했다.

현희   교수님 이것 좀 보십시오.

승헌 노트북이 왜? 무슨 문제가 있나?

현희 바이러스에 걸린 건지 이유를 모르겠는데 먹통이 돼 버렸습니다.

승헌 아이고 어쩌다가?

현희 어젯밤부터 갑자기 이렇게 됐습니다. 리포트 거의 다 썼는데, 너무 참담합니다.

승헌 다 쓴 건 맞아?

현희 어휴, 제가 너무 억울하고 답답해서 이렇게 노트북을 직접 보여 드리려고 가지고 왔습니다.

승헌 한 이틀 주면 다시 작성할 수 있겠나?

현희 네. 최대한 빨리 작성해서 가지고 오겠습니다. 노트북이 이렇게 망가졌으니, PC방에서 작업하겠습니다.

'거짓말 중수'의 수법이다. 사실과 거짓을 섞어서 거짓말도 사실인 것처럼 보이게 만드는 수법이다. 고장 난 노트북을 구해와야 한다는 어려움은 있겠지만, 눈앞에서 고장 난 노트북을 본 교수는 믿지 않을 방법이 없다. 실제 이런 방법은 우리 주변에서 드물지 않게 관찰된다. 명확한 사실 속에 거짓 내용을 슬쩍 끼워 넣어 놓으면 상대가 전체를 사실로 믿어 버리게 되는 것이다. 비슷한 수법으로 사실 부분을 증명해 줄 증언자를 미리 만들어 놓는 방법도 있다. 위 사례라면 해당 노트북이 현희의 것이라는 것을 증언해 줄 조교가 되겠다. (물론 현희는 본인의 진짜 노트북과 같은 모델의

공감 능력이 지배하는 세상에 대비하라

노트북을 준비한 상황이다.) **이때 거짓말 중수는 증언자에게 거짓말하도록 부탁하지 않는다. 그랬다가 증언자 연기가 미숙해서 오히려 거짓말이 발각될 수도 있기 때문이다. 증언자가 사실로 믿는 부분만 증언시키는 것이다. 이 수법은 자주 보이는 수법이고 꽤 잘 통하는 방법이다. 당하는 입장에서는 특히 유의해야 하겠다.**

현희　교수님, 어젯밤에 작성 중이던 리포트 파일이 날아가 버렸습니다.

승헌　아이고 자네 평소 이런 적이 없었는데 어쩌다가?

현희　모르겠습니다. 컴퓨터 문제지만, 어쨌든 백업을 받아 놓지 않고 작업한 제 잘못이 큽니다.

승헌　한 이틀 시간을 더 줄 테니 다시 작성하게. 힘내고.

현희　감사합니다, 교수님.

'거짓말 고수'의 수법이다. 이게 뭐야? 라고 생각하시는 독자도 있겠다. 아까 '거짓말 바보' 사례와 뭐가 다르냐고 물을 수도 있다. 너무 당당해서 넘어가는 건가? 설마… 여기서 승헌 교수의 반응을 보면 뭔가 다름을 엿볼 수가 있다. 그렇다. 여기에서 현희는 평소에 거짓말을 좀처럼 하지 않는 친구인 것이다. 그러니 한 번 거짓말을 해도 이를 믿는다. 물론 그만큼 평소 승헌 교수와 현희는 자주 보고 자주 이야기를 나눈 사이였을 것이다. 거짓말의 고수들은 평소 거짓말을 자주 하지 않는다. 한 번의 결정적인 거짓말을 위해서 평상시 '진실한 사람'의 이미지를 만들어 놓는 것이다. 이는 진짜 사기꾼들이 쓰는 수법인데 100번의 말 중 한 번정도 거짓말을 섞어 놓으면 누가 이를 간파하랴. 그러니 평소 전혀 거짓말을 하지 않던 사람이 갑자기 이상한 행동을 하거나 확률이 드문 이야기를 한다면 '이 사람이 혹시 거짓말 고수는 아닐까?' 라고 한 번쯤은 의심해 볼 필요가 있다. 내 지갑이나 통장에 영향이 없을지, 확인해 보라는 말이다.

현희 (온통 충혈된 눈으로) 교수님, 이거 뭐라고 설명드려야 할지 모르겠습니다.

승헌 자네 몰골이 왜 이래? 무슨 일 있나?

현희 간밤에 작업 중이던 리포트 파일이 날아가 버렸습니다. 어떻게든 다시 작업해 보려고 밤을 새웠는데 완성을 못 했습니다.

승헌 아이고, 그런 일이 있었어? 어쩌지?

현희 백업을 안 해놓은 제 잘못이 큽니다. 처분을 달게 받겠습니다.

승헌 고의도 아니고 실수 한 걸 어쩌겠나. 시간을 좀 더 줄 테니 최대한 빨리 작성해서 제출하게. 일단 잠 좀 자고 와. 자네 지금 상태가 말이 아니네.

현희 (울먹이며) 교수님, 정말 감사합니다.

'거짓말 초고수'의 행태다. 일종의 메소드 연기를 하는 것인데,

연기에 뛰어난 사람들이 구사하는 방법으로 진짜 진위를 가려내기 어려운 수법이다. 실제 이런 사람들을 만나면 어떤 게 사실이고 어떤 게 거짓인지 구분하기가 정말 어렵다. 그도 그럴 것이, 이런 자들은 스스로 거짓을 사실이라 믿고 얘기하는 것이기 때문이다. 자기 자신을 속이는 것이다. 사이비 교주들이 그런 경우가 많은데, 그들은 자기 자신이 정말 신적인 존재라고 믿는다고 한다. 자기 자신을 속이고 있는데 남이 그것을 어떻게 간파하랴. 이런 경우는 정말 특수한 경우지만, 살다 보면 누구나 마주칠 가능성이 있으니 알아둘 필요는 있겠다.

거짓말의 수법을 늘어놓아 봤다. 그런데 사실 우리는 누구나 부지불식간에 거짓말을 가려내는 능력을 갖추고 있다. 인간은 언어적 커뮤니케이션보다 비언어적 커뮤니케이션 능력이 훨씬 더 강해서 표정과 손짓, 몸짓 등에서 본능적으로 상대의 진실을 읽는 능력이 있다. 그러므로 본능에 귀를 기울여 잘 관찰하면 대부분의 거짓말을 간파할 수 있다. 거꾸로 그렇기 때문에 거짓말은 위험하다. 위에서 언급한 거짓말의 수법은 간파하는 용도로만 알고 있어야지 이를 함부로 써먹으려 했다가는 엄청나게 큰 대가를 치르게 될 것이다.

(전화 벨소리)

형준 어, 윤미야.

윤미 도대체 어젯밤에 왜 밤새 연락이 안 됐어? 미치는 줄 알았어.

형준 아! 어제 내가 휴대폰 충전을 안 해놓고 초저녁부터 잤어. 배터리가 없었나 봐. 미안해.

윤미 뭐? 진짜야?

형준 그럼! 우리 엄마한테 물어봐. (사실은 어머니가 초저녁부터 주무셨고, 형준은 밤늦게 외출했다.)

윤미 거짓말하지 마. 전화가 하도 안 돼서 내가 어젯 밤에 형준씨 집에 찾아갔었어. 형준씨 방 창문으로 봤더니 없던데?

형준 (당황스러우나 태연하게) 아이고… 나 어제 거실에서 잤어. 사실 요즘 불면증이 있어서 수면제를 몇 알 먹고 잤더니, 인기척도 못 느꼈나 보다. 진짜 미안하네…

윤미 수면제를 먹고 잤다구?

형준 어. 내가 요즘 회사에서 스트레스를 좀 많이 받았잖아. 얘기했지? 그래서 불면증이 생겼나 봐. (메소드 연기) 휴… 요즘 정말 사는 게 뭔지 모르겠어.

윤미 그래… 자기 요즘 힘들었지? 이해해.

형준 (환희를 느끼며, '예스!') 이해해 주니까 고마워. 역시 윤미밖에 없어.

윤미 앞으로도 스트레스 안 받는 편안한 인생 기원할게.

형준 응? 뭐라고? (답 없이 전화가 끊어진다.) 뭐지?

공감 능력이 지배하는 세상에 대비하라

(윤미로부터 문자. 형준이 클럽에서 다른 여자랑 끌어안고 춤을 추고 있는 사진이다)

윤미 (문자) 어젯밤에 상민이가 보낸 사진이다. 이 거짓말쟁이 나쁜 놈아! 어쩌나 보려고 믿어 주는 척했더니 정말 가관이다. 너랑은 여기까지인 듯. 스트레스받지 말고 잘 살아라!

얘기했다. 거짓말의 대가는 크다고… 그나저나 AI가 거짓말을 할 경우가 문제이다. AI는 표정도 없고 저런 요령을 간파하기도 어려울 테니, AI의 거짓말은 완벽한 거짓말이 될 가능성이 크다. 한때 AI의 거짓말이 큰 화제가 된 후에 AI가 거짓말을 하지 못하도록 개선했다고 발표했지만, 글쎄… 왠지 거짓말처럼 느껴지는 건 나만의 생각일까?

사랑을 지키려면
'왜'냐고 묻지 마세요

얼마 전, 나이 차이가 조금 나는 처사촌의 결혼식에 다녀왔다. '요즘 결혼식'답게 주례도 없고 신부 아버지가 성혼선언문을 낭독하고 신랑 어머니가 덕담 형식의 축사를 하는 등 지루할 틈이 없는 결혼식이었던 듯하다. 그런데 신랑 어머니의 덕담 중에 이 커플에 대한 특이한 이력을 하나 듣게 됐다. 8년을 사귀면서 단 한 차례도 싸운 적이 없다는 것이다. 연애부터 30여 년을 지내면서 셀 수 없을 만큼의 크고 작은 다툼을 겪어온 나로서는 그야말로 경이로운 이야기였다. 순간 저게 가능한 사실인가 싶었지만, 동글동글 사랑스러운 신랑 신부의 밝은 표정을 보면서 이들이 정말 성격도 서로 잘 맞고 서로를 잘 이해해 줘서 갈등도 없었나 보다, 하는 생각을 하면서 집으로 돌아왔다.

저 커플을 부러워하는 것은 일단 뒤로 하고 한발 더 나아가 보자. 부부나 연인 간 항상 평화롭게만 지낼 수는 없다 치고 대화 중의 갈등이라도 줄일 방법은 없을까? 한 가지 나름의 비책이 있다. 여기서는 그 이야기를 해볼까 한다.

소연 아니, 쓰레기 좀 버리라 했더니 '왜' 안 버린 거야?

순욱 아! 깜빡했네.

소연 양말은 '왜' 또 뒤집어서 벗어놨어?

순욱 어… 알았다고. 잔소리 좀 그만해.

소연 잔소리? 당신은 집안일 하나도 안 도와주면서…

순욱 아니, 밖에서 힘들게 일하고 들어왔는데 집안일도 해야 해?

소연 지금 돈 벌어 온다고 유세 떠는 거야?

순욱 뭐라고?

이후 대화는 군이 들어보지 않아도 짐작이 갈 듯하다. 한바탕 시끄러운 전쟁이 벌어지거나 조용한 냉전이 펼쳐지겠지. 눈치 빠른 사람이라면 무슨 말을 하려는 것인지 알아차렸을 듯하다. 연인이나 부부의 상당 부분 말다툼이 '왜'에서 시작된다. 편안한 사이일수록 자주 쓰게 되는 '왜'가 왜 갈등을 일으킨다는 걸까? '왜'라는 표현은 일면 단순히 이유를 묻는 의문사라고 생각할 수 있지만, 사실 일상생활에서 대부분의 경우 '왜'라는 표현은 상대를 질책할 때 쓰는 표현이다. 생각해 보라. "왜 그런 말을 했냐?", "오늘 왜 그러냐?", "왜 안 사 왔냐?" 등등 상대 행위나 표현에 대한 반문, 내지 질책의 의미이다. 평소 무심코 사용했던 '왜'라는 표현이 갈등의 씨앗이라니…

위 대화에서 소연은 순욱이 집안일을 거들거나 두 번 일하게 하는 것을 삼갔으면 하는 의미에서 저런 표현을 썼을 것이다. 그렇다면 목적은 순욱의 행동이나 태도를 바꾸는 것이다. 그런데 저 대화를 통해서는 목적을 이루기는커녕 반발심만 불러일으켜서 오히려 일을 더 안 하도록 만들어 버렸다. 말을 꺼내기 전에 '말의 목적'을 생각해 봐야 하는 이유이다. 그렇다면 저 경우 아내는 어떻게 얘기했으면 좋았을까? 아내가 '말의 목적'을 먼저 생각하고 대화를 꺼낸 경우이다.

소연 쓰레기 좀 버려 주지. 너무해.

순욱 아! 깜빡했네. 미안해.

소연 양말도 뒤집어서 벗어났네.

순욱 아참! 그것도 미안…

소연 담엔 잘 해주리라 믿어.

순욱 그래, 쏘리쏘리. (갑자기 재활용 쓰레기 분리 작업에 나선다.)

'왜'라는 단어를 쓰지 않고 말하면 상대적으로 표현이 부드러

공감 능력이 지배하는 세상에 대비하라

워진다. '왜'를 쓰지 않으려 하다 보면 대체 표현을 찾는 과정에서 가능하면 긍정적인 표현을 찾게 되기 때문이다. 위 대화를 보면 '왜'라는 표현으로 상대를 질책하기보다는 본인의 서운한 감정을 드러냄으로써 남편으로 하여금 미안한 감정을 갖게 만든다. 인간은 미안한 상황을 해소해야 할 상황으로 인식하기 때문에 아내가 원하는 방향으로 행동을 수정할 가능성도 높아진다. (뒤에 나올 〈미안하게 만든 만큼 얻는다〉 참고) 결국, 소연은 그저 '왜'라는 단어를 쓰지 않음으로써 원하는 '말의 목적'을 이루게 된 셈이다.

'말의 목적'에 대한 이야기가 나온 김에 몇 마디 덧붙여 본다. 우리가 사용하는 말은 어떤 말이든 나름의 목적을 갖는다. 상대를 설득하거나 변화시키고자 하는 목적, 남에게 뭔가를 알려주려는 목적, 다른 사람을 웃겨 보려는 목적, 나를 보호하고자 하는 목적, 적을 도발하거나 기분을 나쁘게 만들려는 목적 등등. 그런데 우리는 종종 그 목적과 상관없이 심지어는 목적에 반하는 표현을 사용하곤 한다. 대화하면서 그 대화의 목적을 생각하지 않기 때문이다. 그래서야 차라리 말을 건네지 않는 것이 낫지 않을까? 괜히 말을 꺼내서 본인의 의도와 상관없이 일을 그르쳐 버릴 바에야 말이다. 말을 꺼내기 전에 1, 2초 정도는 반드시 그 '목적'을 생각할 필요가 있다.

그나저나 설마 '왜'라는 말 하나 삼간다고 다툼이 일어나지 않는다고? 하며 반문하는 독자도 있을 듯하다. 믿지 못하겠다면 한 번 해보시라, 권한다. 특히나 평소에 말다툼이 잦은 커플이라면 이 하나의 변화를 통해 다툼이 부쩍 줄어드는 '기적'을 경험하게 될 것이다. 그러니 사랑을 지키고 싶다면 '왜'냐고 묻지 말라. 연인 이나 부부처럼 가까운 관계라면 굳이 그런 표현을 쓰지 않아도 하고자 하는 말이 무슨 말인지 서로 잘 알 것이므로.

윤 이사   주 차장, 어제 얘기한 PT 준비 다 됐어요?

주 차장   앗, 그거 아직 안 됐는데요.

윤 이사   아니 '왜' 이렇게 더뎌요? 간단한 내용인데…

주 차장   (참나 '왜' 이렇게 보채고 난리야?) 네. 바로 준비하겠습니다. (백 대리를 찾는다) 어? 백 대리 어디 갔지? 이 사람은 복사 좀 해오란 게 언 젠데… '왜' 아직도 함흥차사야? 내가 하고 만다. (복사기에 복사 용 지가 없다) 에이~ 백 대리!

백 대리   아 예, 차장님. 찾으셨어요?

주 차장   아까 복사 부탁한 게 언제인데 '왜' 아직도 에요? 그게 돼야 PT 준비를 하죠! 또 복사기 용지 좀 채워 달라고 한 게 언젠데 '왜' 그대로죠?

백 대리   아… 죄송합니다. 다른 일 때문에 좀 바빴습니다. 바로 채워서 복사하겠습니다.

         (복사기 종이가 씹힌다. 복사기를 발로 차며) 아, 이놈의 복사기는 '왜' 이

모양이야?

보다시피 '왜'는 전염이 된다. 한 사람이 '왜' 그랬냐고 물으면 그것을 들은 사람은 다시 다른 사람에게 '왜'를 외치게 된다. '왜'를 함부로 외쳐선 안 되는 또 다른 이유다. 시작부터 서로 조심하면 좋겠지만, 누군가 고리를 끊지 않으면 무한히 이어질지도 모른다. 일종의 원망의 사슬인 셈이다.

윤 이사 주 차장, 어제 얘기한 PT 준비 다 됐어요?

주 차장 앗, 그거 아직 안 됐는데요?

윤 이사 아니 '왜' 이렇게 더뎌요? 간단한 내용인데…

주 차장 (나는 '왜' 이렇게 더뎠을까? 음… 아침 커피 타임이 좀 길었지) 죄송합니다. 바로 준비하겠습니다. (백 대리를 찾는다) 어? 백 대리 어디 갔지? 복사 좀 해오라니까… 바빴나? 내가 해야겠다. (복사기에 복사 용지가 없다) 백 대리~

백 대리 아예, 차장님. 찾으셨어요?

주 차장 복사 용지가 없어요. 아까 부탁했는데, 까먹었죠?

백 대리 아! 죄송합니다. 다른 일 하다 보니 깜빡했습니다. 바로 채워서 복사하겠습니다.

(복사기 종이가 씹힌다.) 내가 깜빡깜빡하니까, 너도 덜렁대는구나.

'왜'의 사슬을 끊는 방법은 '왜'를 자신에게 돌리는 것이다. '왜'를 남에게 돌리면 원망이 되지만 자신에게 돌리면 성찰 내지 반성이 된다. 여기서 주 차장은 윤 이사의 '왜'를 자기 자신에게 돌리면서 그 사슬을 끊는 데 성공했다. PT 준비가 늦은 이유를 자신에게서 찾으면서 엉뚱하게 백 대리에게 화풀이하듯 내뿜을 뻔했던 '왜'를 삼갈 수 있었다. 이후 진행을 보면 화로 가득 찰 뻔했던 상황이 비교적 순조롭게 풀리게 된다. 물론, '왜'를 자신에게 돌리는 행위를 왜 해야 하냐고 항변하는 사람도 있겠다. 왜 내가 사슬을 끊어야 하냐고… 그렇다면 묻고 싶다. 화를 분출하고 나면 기분이 좋아지는가? 나의 경우 남에게 화를 내고 나서 기분이 좋았던 적은 한 번도 없었던 것 같다. 대부분 화내고 난 후에는 후회가 됐다. 가능하다면 화를 내지 않는 것이 결국 나를 위한 것이다. 그래서 여기서 남에게 화내는 것을 비교적 쉽게 막아보는 방법을 제시하는 것이다. 남에게 '왜'는 갈등을 부르고 나에게 '왜'는 평화를 부른다…고나 할까.

'왜'에 대한 이야기는 사실 '왜'라는 말의 역기능에 대한 이야기만은 아니다. '왜'를 쓰지 않고 대체 표현을 찾으려 하는 바로 그 마음에 대한 이야기이기도 하다. 상대의 감정을 고려하고 갈등을 줄이기 위해 '왜'를 쓰지 않으려 하는 그 의지와 태도야말로 진짜 아름다운 모습인 것이다. 사회적으로, 개인적으로 너무나도

공감 능력이 지배하는 세상에 대비하라

많은 갈등이 쏟아져 들려오는 지금, 이 시대에 조금이라도 갈등이 줄었으면 하는 간절한 마음으로 오늘의 제목을 다시 한번 외쳐본다.

'관계를 지키려면 '왜'냐고 묻지 마세요'

갈등을 부르는
'다니까'의 저주

2020년대를 사는 우리는 음성을 통한 대화를 더 많이 할까, 카톡, 문자 등 글을 통한 대화를 더 많이 할까? 사람에 따라, 하는 일에 따라 차이가 있겠지만 나의 경우 업무적인 대화라면 글을 통한 대화가 월등히 많은 것 같다. 정확히 세어 보지는 않았지만, 하루에도 카톡 문자가 수백 개는 오간다. 물론 회의라든가 말로 하는 대화를 문자량으로 치면 과연 어떤 것이 더 많을지 모르겠지만, 하여튼 빈도나 시간 등 종합적으로 고려해 보면 단연 문자 대화가 더 많은 듯하다.

이렇게 글을 통한 대화가 많다 보니, 그 어려움을 호소하는 이들도 많이 늘어났다. 말은 음의 고저, 장단, 쉼, 강조점, 그리고 심지어 표정에 따라서도 뜻이 크게 달라진다. 하지만 글로 하는 대화는 그야말로 '글 자체'로 승부를 봐야 하는 세계인지라, 내가 표현하고자 하는 의미와 상대가 받아들이는 뜻이 크게 달라지는 일이 비일비재하다. 그래서 이모티콘, 문장부호 등으로 최대한 감정을 보완해서 표현해 보고자 하지만 절대 쉽지 않다.

때로는 본의 아니게 갈등의 상황으로 이어지기도 한다. 그러한 갈등의 상황을 분석해 보면 '단어 선택'보다는 많은 경우 '어미 선택'에서 유발되는 경우가 많다. 글로 무언가를 전달하려면 아무래도 단어 선택에 먼저 집중하게 마련이고 그러다 보면 어미 선택에는 조금 소홀해지게 된다. 그럼, 갈등을 피하려고 문장마다 모든 어구에 심혈을 기울여서 글을 작성해야 하는 건가? 문학 작품을 쓰는 것도 아니고⋯ 일상에서 그래야만 한다면 너무 피곤해서 대화를 포기하지 않을까?

정원 오늘 저녁 늦는다고 했나?

윤환 어. 늦는다니까.

정원 어디 간다고 했지?

윤환 오늘 회사 회식 있다니까.

정원 술 많이 먹지 말고 일찍 들어와.

윤환 어. 알았다고.

정원 근데 말투가 왜 이래? 싸우자는 거야?

윤환 어? 내 말투가 그랬나?

윤환은 일하느라 한창 바쁜 와중에 아내의 톡을 받았다. 그래서 와이프가 말을 거는 것이 성가셨을 수 있다. 더군다나 이미 집에서 다 얘기했던 내용이고 끝에는 잔소리까지 이어질 것이 뻔하니, 조금은 짜증났을 수도 있다. 결국 별생각없이 '쳐낸다'라는 기분으로 답변한다.

흔히 있을 수 있는 일이다. 윤환은 무심코 톡을 보냈을 뿐인데 정원은 윤환이 시비조로 얘기한다고 생각한다. 무엇 때문일까? 앞에서 얘기했듯이 '어미' 때문이다. 특히 '다니까'('라니까')와 '쓰다고'가 범인이다. 이런 어미를 구사하면 상대는 자신과 대화하는 것이 귀찮고 짜증 난다는 뜻으로 받아들인다. 윤환의 무심한 어미 구사가 갈등을 불러일으킨 것이다.

이런 어미들은 뒤에 '그러니까 더 물어보지 마라' 혹은 '그것도 기억 못 하냐' 등의 표현이 생략돼 있다고 봐야 한다. 즉, 적대적인 표현 그 자체인 것이다. 말로 할 때는 부드럽게 음성 조절을 하든가 스스로 그 말의 뉘앙스가 느껴져서 삼가든가 할만한 말들이다. 하지만 글로 쓸 때는 이런 느낌이 잘 오질 않는다. 그러니 아무 생각 없이 쓰곤 한다.

그렇다면 어떻게 해야 할까? 톡을 보내거나 문장을 보낼 때 온 신경을 집중해서 쓰고 전송 버튼을 누르기 전에 한 번 더 읽어보고 수정하고 그래야 하나? 물론 그렇게 하면 베스트다. 너무 번거로워서 그렇지…

공감 능력이 지배하는 세상에 대비하라

방법이 있다. 삼가는 것이 좋은 어미, 조사, 의문사 등을 기억해 놨다가 그것만 피하면 된다. 몇 번 반복하고 외워서 그런 단어만 나오면 마치 조건반사처럼 '아차!'하는 생각을 하게 만드는 것이다. 아주 많지는 않으니, 기억하기가 몹시 어렵지는 않다.

우선 의문사로 앞 장에서도 언급한 적 있는 '왜'가 있다. '왜'는 상대를 원망하거나 질책할 때 많이 쓰는 의문사이다. 그러니 이 단어를 구사하면 갈등으로 이어지기 쉽다. '뭘' 혹은 '뭐가'도 있다. '뭘 먹겠다고 그러냐', '뭐가 좋다고 그래?'처럼 역시 상대를 비난하거나 자제시킬 때 쓰는 표현이다. 듣는 입장에서는 기분 좋은 표현이 아니다.

조사에도 삼가는 게 좋은 단어들이 있다. '(이)나', '도', '따위' 등이다. '따위'야 명백하게 갈등을 부르는 단어이니 굳이 언급할 필요가 없겠고, '(이)나', '도'는 의외로 별생각 없이 사용해서 갈등으로 이어지곤 하는 단어이다. '밥이나 먹어라', '너나 잘하세요'처럼 말로는 장난스럽게 뱉을 수 있는 표현인데 글로 써놓으면 상대가 기분이 나빠질 가능성이 높다. '너도 그랬냐?', '그것도 안했냐?'처럼 받아들이는 사람의 심경 상태에 따라 뜻이 달라질 수 있는 경우도 있으니 역시 사용에 유의해야 한다.

'다니까'('라니까'), '쓰다고', '왜', '뭘', '뭐가', '(이)나', '도', '따위'. 우선은 이렇게 8개만 외워 둬도 의도치 않은 갈등을 반 이하로 줄일 수 있다고 장담한다. 스스로 이런 단어를 쓰려 하면 알레르기 반응이 오도록 만들면 된다. 아차! 느낌이 들면 수정하면 되는 것이다. 글은 그런 면에서는 편리하다. 말과 달리 수정하면 되니까.

다른 긍정 효과도 있다. 상대가 이런 단어를 써서 내 기분이 나빠지려 할 때, '이 사람이 이런 단어들을 쓰면 안 된다는 것을 모르는구나' 하면서 너그럽게 용서할 수 있는 여유가 생기게 된다. 아는 자, 가진 자의 여유랄까?

정원   오늘 저녁 늦는다고 했나?

윤환   어. 말했듯이 늦어요.

정원   어디 간다고 했지?

윤환   오늘 회사 회식 있어.

정원   술 많이 먹지 말고 일찍 들어와.

윤환   어. 알았어.^^

정원   오늘 웬일로 이렇게 부드럽대?

윤환   ㅎㅎ (나 외운 남자야.)

글로 대화를 나눌 때 삼가야 하는 단어들을 언급했지만, 이는 무의미한 갈등을 어느 정도 막아줄 수 있을 뿐, 마법 키는 아니다. 갈등이 없다고 곧바로 분위기가 좋아지는 건 아니니까. 반면 대부분의 사람이 문자나 카톡을 주고받을 때 호의적인 분위기를 원한다. 그래서 'ㅎㅎ', '^^', 'ㅋㅋㅋ' 등을 적지 않게 쓰고 있다. 내가 호의적으로 얘기하고 있다는 것을 표현하기 위한 것이다. 현명한 방법이지만 한편으로는 씁쓸하다. 저런 표현을 쓰지 않고는 자칫 적대적으로 보이게 되는 작금의 사회 분위기 때문이다.

2020년대 우리 사회는 너무나 각박하고 경쟁이 심하고 틈만 보이면 서로 헐뜯고 잡아먹으려고 하는 분위기가 팽배해 있다. 그러다 보니, 기본적인 인간관계가 '대립' 내지 '갈등'에서 출발하는 듯하다. 만약 상호 호혜적이고 사랑이 풍성한 사회라면 굳이 저런 이모티콘이나 웃음 기호를 쓸 필요가 있을까? 그런 사회라면 오히려 '나 화났다' 혹은 '나 심각하다' 등을 표현할 때 그것을 표현할 기호가 필요할 것이다. 우리 사회가 그런 사회가 된다면 이런 주제의 글도 '쓸데없는' 글이 될 것이다. 이런 글과 웃음 기호가 필요 없는 그런 행복한 '대화 유토피아'를 꿈꿔본다.

그건 그렇고 이런 면에서 AI는 어떨까? 아마도 AI는 상대의 기분을 의도적으로 나쁘게 하겠다는 상황이 아니라면 당연히 저런 부류의 어미는 쓰지 않을 것이다. 우리가 여기 나오는 8가지 어구를 외워두지 않는다면 AI와의 대화 경쟁력에서 밀릴 수 있다는 말이다. 대화 유토피아는 고사하고 피곤한 미래가 예상되니, 착잡한 기분이 휘감아 드는 순간이다.

내가 나를 통제할 수 없을 때…
비이성적인 말 억제하기

　가끔 우리 입에서 나오는 말이 컨트롤이 되지 않을 때가 있다. 그렇게 말하고 싶었던 것이 아닌데 나도 모르게 정제되지 않은 말이 튀어나오는 것이다. 한편으로는 당황스럽고 한편으론 곤란하다. 때로는 이런 '갑툭튀'(갑자기 툭 튀어나온) 말 때문에 갈등이나 다툼으로 이어지기도 한다. 과연 이런 상황을 피하거나 바로잡는 방법이 있을까? 이미 스스로 컨트롤하지 못하는 상황인데 통제한다는 말은 모순이 아니냐고 반문할 수도 있겠다. 물론, 100% 통제는 불가능하다. 다만 이런 상황을 수습하거나 더 악화하는 것을 막을 방법은 있다. 오늘은 바로 이 이야기를 해볼까 한다. 나도 모르게 과한 말, 이상한 말이 튀어나올 때… 이 상황을 통제하는 방법에 대해서이다.

　　　　　　공감 능력이 지배하는 세상에 대비하라

준성	어제 들어보니 성철이 부인이 대단하더라.
현정	뭐가?
준성	직장 다니면서 아이 키우기도 힘들 텐데, 틈틈이 그림을 그려왔더라구. 이번 주말에 개인전을 언디네.
현정	취미도 즐기고 여유가 있나 보네?
준성	취미 정도가 아닌가 봐. 판매도 꽤 일어나나 봐.
현정	(시기심 충만) …
준성	밥은 몇 시에 먹을 거야?
현정	내가 밥순이냐? 당신이 알아서 차려 먹어!
준성	뭐? 갑자기 왜 이래?
현정	집에서 살림이나 하는 못난 부인이라서 그렇다. 왜?
준성	이 사람이 미쳤나?

이 대화에서 잘못은 누가 한 것일까? 현정의 콤플렉스를 자극한 준성이 잘못한 걸까, 아니면 자신을 컨트롤하지 못하고 비이성적인 말을 뱉어낸 현정이 문제였을까? 사실 어느 한 명의 잘못이라고 규정하기엔 애매한 대화이긴 하다. 현정이 저런 말에 시기심을 품게 되리라는 것을 짐작하지 못한 준성이 좀 경솔했던 것이 문제였지만, 그렇다 해도 현정이 되받아친 말들은 적절치 못했다. 아마 현정 자신도 말을 내뱉으면서 '아! 내가 왜 이러지?' 하는 생각을 했을 것이다. 그럼에도 자신을 통제하기가 어렵다.

이런 상황에서 자신을 통제할 방법이 있을까?

이 같은 상황을 통제하는 첫 번째 프로세스는 자신이 왜 이렇게 정제되지 않은 말, 혹은 맘에 없는 말을 내뱉고 있는지 정확히 파악하는 것이다. 물론 말이 쉽지 막상 원인을 분석하려고 하면 막막하게 느껴질 수 있을 것이다. 하지만 걱정하지 않아도 된다. 우리가 일반적으로 정제되지 않은 말을 하게 되는 경우는 대게 다음 여섯 가지의 상황에서 비롯되기 때문이다.

첫째, 시기 혹은 질투 때문인 경우가 매우 많다. 시기심 혹은 질투심이 일고 그와 함께 열등감이 동반될 때 우리는 종종 이성을 잃게 된다. 시기와 질투는 생각보다 데미지가 강력한 폭탄이다. 인류 역사에서 시기, 질투 때문에 일어난 큰 사건들이 얼마나 많았던가. 그 사례는 동서양 사극이나 역사책 등에 수도 없이 많이 나와 있으니 따로 언급하지는 않겠지만, 하여튼 이 감정이 우리를 통제 불능으로 몰아넣곤 한다는 사실을 기억하면 좋겠다.

둘째, 우리를 늘 비이성적인 말과 행동으로 이끌곤 하는 범인, 자존심이다. 많은 사람들이 자존심을 지키기 위해 수단과 방법을 가리지 않는다. 심지어 어떤 사람들은 자존심 때문에 목숨을 던지기도 한다. 역사상 전 세계에 수많은 전쟁이 자존심 때문에 일어났고 또 일어나고 있으니, 자존심은 어떻게 보면 식욕, 배설욕, 생식욕 못지않은 인간의 근원적인 동인 중 하나라고 볼 수도 있을 듯하다. 하여튼 이 같은 자존심이 훼손되었거나 훼손될 위

공감 능력이 지배하는 세상에 대비하라

기를 맞게 되면 우리는 이성을 잃곤 한다. 그래서 나도 모르게 이상한 말들, 혹은 과한 말들을 내뱉게 되는 것이다. 내 입에서 통제되지 않은 말이 튀어나올 때 '내가 자존심에 상처를 입었나?' 하고 한 번쯤 의심해 볼 필요가 있다.

셋째, 크게 화가 난 상황, 분노의 상황에서 정제되지 않은 말을 내뱉곤 한다. 물론 시기·질투심이 생기거나 자존심이 상해서 화가 난 경우도 있겠지만, 그 외에도 어떤 이유로든 이성을 잃을 정도로 분노하게 되면 우리는 반드시 헛말을 내뱉게 된다. 그러므로 내 입에서 비이성적인 말이 나온다면 '내가 화가 나서 이상한 말을 하고 있나?' 하고 짚어 볼 필요가 있다.

넷째, 당황했을 때 스스로를 통제하기 어렵게 된다. 예측하지 못했던 상황에 부닥쳐지거나 상대로부터 대응하기 어려운 질문 혹은 비난이 들어왔을 때 우리는 어쩔 줄 몰라 통제기능이 마비되곤 한다. 통제가 안 되는 상황이니 당연히 이상한 말을 내뱉게 되어 있다. 마치 인공지능이 예측 못한 상황에 부닥쳤을 때 이상한 반응을 보이는 것과도 유사하다. 그런 점에서 입에서 나오는 이상한 말의 원인으로 반드시 고려해야 하는 보기 중 하나이다.

다섯째, 마음이 급할 때 맘에 없는 말을 하곤 한다. 어떤 이유로든 조급해지거나 시간상의 이유로 혹은 생리적인 현상으로 급하다고 느껴질 때 우리는 흔히 이성을 잃게 된다. 그러고는 이상한 말을 하게 되는 것이다. 물리적이든 심리적이든 무언가로부터 쫓기는 사람들이 헛소리를 해대는 경우를 가끔 보곤 한다. 비슷한 맥락이라고 보면 된다.

여섯째, 간과하기 쉬운 부분인데 육체적으로나 정신적으로 에너지가 소진되었을 때 우리는 종종 정제되지 않은 말을 내뱉곤 한다. 에너지가 소진되면 당연히 뇌를 움직이는 에너지도 바닥이 나게 마련이다. 뇌는 우리 몸의 어떤 장기보다도 많은 에너지가 필요하다. 그러니 에너지가 바닥이 나면 뇌가 정상적으로 작동하지 않을 것이고 이에 이상한 말을 하게 되는 것이다. 잘 생각하지 못하는 케이스이지만 의외로 자주 발생할 수 있는 현상이기 때문에 기억해 두면 좋을 듯하다.

이 정도이다. 시기·질투, 자존심, 분노, 당황함, 급함, 에너지 소진… 이렇게 여섯 가지를 외워두는 것만으로도 충분하다. 만약 자신이 뭔가 이상한 말을 하고 있다고 느낀다면, 이 여섯 가지 중 어떤 이유 때문인지 판별해 보면 된다. 어떤 행동의 이유가 명확해지면 그 해결책도 비교적 용이하게 낼 수 있는 법이다. 즉, 내가 뭔가 비이성적인 말을 꺼냈거나 꺼내려 하고 있다면 저 여섯 가지 중 어떤 원인 때문인지 정확히 판별하는 것만으로 자신을 통제할 수 있는 가능성이 높아지는 것이다.

일단 원인을 명확히 했다면 그다음에 할 일은 잠시 말을 멈추는 것이다. 무언가 문제가 있는 상황을 인지했을 때 우리가 해야 하는 현명한 행동은 언제나 '일단 멈춤'이다. 문제가 있는 것을 알면서도 그 행동이나 후속 행동을 지속하는 것은 지혜롭지 못하다. 이것은 꼭 맘에 없는 말을 하는 상황 외에도 삶에 도움이 되는 하나의 지혜가 아닐까 생각한다.

일단 말을 멈춘 상태라면 그다음에 할 말을 고민해 본다. 사과하고 바로 잡거나 사과까지는 아니더라도 일단 지금의 현 상황을 간략히 설명하고 자리를 뜬다든지 하는 방법이 있다. '내가 지금 에너지가 다 소진돼서 이상한 말을 하는 것 같다. 나중에 얘기하자.' 이런 식으로 말이다. 자존심이 상한 상태라든가 당황한 상황 등 구체적으로 설명하기 곤란한 경우라면 '내가 지금 뭔가 안정이 안 되네. 나중에 얘기해도 될까?' 라는 식으로 에둘러서라도 표현하자. 자신의 현재 상황을 설명했을 때 특별한 경우가 아니라면 상대도 어느 정도 이해하게 마련이다. 나와 상대를 이해시켰으니, 더 이상 일이 악화하는 것을 피할 수 있을 것이다.

준성   어제 들어보니 성철이 부인이 대단하더라.

현정   뭐가?

준성   직장 다니면서 아이 키우기도 힘들 텐데, 틈틈이 그림을 그려왔더라구. 이번 주말에 개인전을 연다네.

현정   취미도 즐기고 여유가 있나 보네?

준성   취미 정도가 아닌가 봐. 판매도 꽤 일어나나 봐.

현정   (시기심 충만) …

준성　밥은 몇 시에 먹을 거야?

현정　내가 밥순이냐? 당신이 알아서 차려 먹어!

　　　(내가 왜 이러지? 시기심 때문에 미쳤나봐.)

준성　뭐? 갑자기 왜 이래?

현정　미안. 부러우면 지는 건데… 나 잠깐 찬 바람 좀 쐬고 올게.

준성　아… 내가 미안해. 당신 기분 생각도 안 하고 생각 없이 얘기했나 봐.

현정　아니야. (자리를 뜬다.)

　사람은 감정의 동물이다. 이 세상에 감정을 완벽하게 컨트롤할 수 있는 인간은 없다. 그러니 자기도 모르게 생겨난 감정에서 비롯되는 말이나 행동을 100% 억제할 수 있는 사람은 없다. 그렇지만 남과 더불어 사는 세상에서 화가 난다고 기분 나쁘다고 하고 싶은 말을 다 해대고 자기도 모르게 튀어나오는 말을 마구 쏟아낼 수는 없다. 어려워도 컨트롤해야만 '더불어 사회'에서 생존이 가능하지 않을까? 심지어 AI 세상이 도래하면 이 같은 '비이성적이고 통제불능적인' 인간의 순간 일탈은 큰 약점이 될 것이다. 어쩌면 AI는 이런 부분들을 공략의 포인트로 삼을지도 모른다. 자기 컨트롤이 너무나도 중요한 이유이다.

희영　화장실 가고 싶어 미치겠는데 왜 안 오는 거야? 아! 저기 왔다. (전
　　　화벨 소리)

연우   희영아 어디 있어?

희영   여기, 여기… 안 보여?

연우   어? 안 보이네? 어디지?

희영   (화를 내며) 아, 뒤로 돌아봐! 왜 못 찾는 거야?

연우   왜 화를 내고 난리야? 못 찾을 수도 있지.

희영   (내가 화장실이 급해서 미쳤네.) 미안해. 내가 화장실이 급해서…

연우   호호, 그랬구나. 진작 얘기하지. 빨리 화장실 다녀와. 나 여기 서 있을게.

희영   그래. 고마워. 잠시만 기다려 줘.

    스스로가 컨트롤되지 않고 내가 나를 배신하고 있다는 기분이 들 때, 이제는 가만히 스스로를 들여다보고 토닥여주자. 궁지에 몰린 자신에게 지나치게 가혹할 필요는 없다. 이유를 알고 바로잡으면 되니까. 이 세상에 이유 없는 사건은 없다. 그 이유를 찾기 어려울 뿐.

3장

처세를
배운다

미안하게 만든 만큼 얻는다

우리가 남들로부터 원하는 것을 얻어내는 방법은 무엇일까? 강요? 사정? 부탁? 합리적 거래? 방법은 여러 가지가 있겠지만 막상 현실에서 효과적인 방법을 찾으라고 하면 그것이 만만치가 않다. 그래서 구사하는 가장 흔한 행태는 압박과 강요를 동원하는 것이다. 상대로 하여금 겁을 먹게 하거나 의무감을 느끼게 만들어서 굴복하도록 만드는 것이다. 그러나 관계를 중시하고 이후의 일들을 생각한다면 이러한 방법은 결코 좋은 수단이 아니다. 다음 부부의 대화를 보자.

수경 이번 주 토요일이 우리 엄마 생신인 거 알지?

정진 어, 알지~

수경 이번에는 선물이랑 식사 제대로 준비해. 안 그러면 당신 어머니 생신 때 재미없을 줄 알아.

정진 아니, 왜 말을 그렇게 해?

수경 작년에도 그렇고 계속 맘에 안 들었어.

정진 내가 뭘 어쨌다고? 양가 똑같이 하는데…

수경 똑같긴 뭐가 똑같아? 그리고 솔직히 우리 엄마가 우리 애들도 다 키워줬는데 똑같으면 안 되지. 훨씬 더 잘해야 하는 거 아냐? 하여튼 두고 보겠어. 이번에 어떻게 하는지.

정진 몰라. 뭘 어쩌라는 거야?

수경은 정진이가 장모님 생신 선물이나 식사 예약에 좀 더 신경 쓰길 바랐던 것 같다. 이를 위해 택한 전략은 압박과 강요. 그러나 과연 이런 식으로 목적을 이룰 수 있을까? 이 대화 이후에 정진은 진심으로 장모님 생신을 준비할까? 만약 강압에 못 이겨서 선물이나 용돈을 고가로 준비한다고 치자. 이후 본인 어머니 즉, 수경의 시어머니 생신 때에도 역시 과한 선물을 요구하게 될 가능성이 크다. 부모님들에게 잘하는 것이야 좋은 것이지만, 수경이 자신들의 형편 이상으로 무리하게 선물을 준비하는 것을 원한 것일까? 마음속으로야 자기 엄마한테만 잘하기를 바랐겠지. 그렇다면 더더욱 그러한 식이어서는 안 된다.

수경   이번 주 토요일이 우리 엄마 생신인 거 알지?

정진   어, 알지~

수경   우리 엄마가 우리 아이들 키우고 하느라, 고생 많이 했는데, 요즘 부쩍 나이 든 모습을 보면 자꾸 미안하다는 생각이 들어.

정진   그렇지. 장모님 안 계셨으면 우리가 맞벌이도 불가능했지. 나도 항상 미안하고 고맙고 그래.

수경   지난 생신 때는 우리가 좀 부족했던 것 같아.

정진   어? 그랬었나?

수경   우리 형편에 과한 선물을 하기는 어렵겠지만, 그래도 더 나이 드시기 전에 여행이라도 보내드리면 어떨까 싶어.

정진   그래, 그러자.

두 대화의 가장 큰 차이는 무엇일까? 두 번째 대화에서 수경은 정진이 '미안한 감정'이 들도록 유도했다. 사실 부모님이 늙어가는 것과 아이를 키워준 것에 명확한 인과관계는 없다. 그럼에도 아이들을 키워준 것에 대한 감사의 마음을 늙은 어머니에 대한 측은지심과 연결함으로써 남편이 미안한 감정을 가지도록 유도하고 있다.

인간에게는 미안한 감정을 해소하고자 하는 본능이 있다. 이를 일종의 불쾌감으로 여기기 때문이다. 이는 아마도 받으면 줘야 하고 빌리면 갚아야 한다는 일종의 생존 규칙에서 비롯되었다고 본다. 오죽하면 누군가에게 뭔가 얻어먹고 나면 '다음에는 내가 복수할 거야'라고 할까. 하여튼 그런 본성 때문에 미안한 감정은 이를 보상해 주고자 하는 행동으로 연결되곤 한다. 심리학에서는 이를 'Door-in-the-face 테크닉'이라고 한다. 일종의 판매 전략인데, 무언가 매우 큰 걸 요구하고 이를 거절당한 다음, 거절한 사람의 미안한 감정을 이용해 작은 요구를 얻어 내는 방법이다. 예를 들어 100만 원짜리 상품을 권유한 다음 이를 거절당한 후에는 20만 원짜리 상품을 제시해서 판매를 성공시킬 수 있다. 일단 다른 대화를 한번 들여다보자.

찬선   일찍 오셨네요? 많이 기다리셨어요?

인상   길이 하나도 안 막혀서 본의 아니게 20분이나 일찍 왔습니다. 약속 시간보다 일찍 온 제가 문제이지만요. 하하.

찬선   아이구, 많이 기다리셨네요. (왠지 미안한데?)

인상   주문하시죠. 오늘은 제가 맛있는 걸로 모시겠습니다.

찬선   일찍 오셔서 밥까지 사시려고요?

인상   당연하죠. 여러 가지로 감사한 분인데…

찬선   하하. 제가 뭘 해 드렸다고…

인상   항상 베풀어 주시는 마음과 도움에 감사드릴 따름입니다.

이 대화에서 을의 위치에 있는 인상은 일부러 일찍 와서 기다

공감 능력이 지배하는 세상에 대비하라

림으로써 갑의 위치에 있는 찬선에게 미안한 마음이 들게 만드는 상황을 유도했다. 밥을 사겠다고 하는 것도 같은 이유이다. 이 대화에서 사실 찬선은 인상에게 뭔가 제대로 도움을 준 적이 없는 사람이다. 그럼에도 인상은 찬선에게 고맙다고 표현함으로써 '내가 뭐 해준 게 없는데' 하는 미안한 감정을 유도한다. 이후의 거래에서 미안한 감정에 대한 보상이 나타나기를 기대하고 있는 것이다.

이 사례에서 보여주는 말과 행동은 갑과 을의 관계에서 흔히 오가는 것들이다. 흔한 상황이지만 이런 대화는 상대에게 미안한 감정을 느끼게 하는 전략이 표현된 것이다. 상대에게 미안한 감정을 느끼게 하는 전략이 이처럼 흔하게 쓰이고 있는 것을 보면 이를 다른 일상 관계에서도 충분히 활용할 수 있다는 것을 알 수 있다.

그러나 이렇게 좋은 방법이 있음에도 많은 경우, 우리는 상대에게 강요하거나 화를 내는 등의 방법으로 원하는 바를 얻어내려고 한다. 당연히 이런 방법으로는 목적한 바를 이루기가 어렵다. 오히려 자칫 한바탕 다툼으로 이어질 가능성이 높지. 원하는 것을 얻는 것은 고사하고 관계만 나빠지는 것을 누가 바라겠는가. 무슨 수를 쓰든 원하는 것만 얻고 관계는 끝내겠다는 극한의 상황이 아니라면 말이다.

상대에게 미안한 감정을 일으키는 것은 사실 그리 어렵지 않다. 어떤 관계이든 주는 것이 있으면 받는 것이 있다. 그것이 물건이든, 행동이든, 말이든 말이다. 상대에게 '네가 나한테 무언가를 받았음'을 은근하게 표현하면 된다. 그것만으로도 상대는 미안함을 느끼게 돼 있다. 단, 너무 노골적으로 표현해서는 안 된다. 상대에게 전략을 들키거나 상대로 하여금 반발심을 불러일으킬 수 있기 때문이다.

《1부》

정혁 아니, 국장님⋯ 예고도 없이 찾아오셨어요?

형식 그러게요. 죄송합니다. 사실은 지난번에도 예고 없이 찾아왔다가 안 계셔서 헛걸음했습니다. 그렇지만 영업하는 사람이 무슨 예고씩이나 하고 찾아오기도 죄송해서⋯

정혁 아이고, 그러셨군요? 몰랐습니다. 오늘은 어쩐 일이십니까?

형식 네, 좋은 광고 상품이 있어서 제안하러 왔습니다.

정혁 어허, 그럼 미리 전화를 좀 주시고 오시지⋯ 저희 이번 분기 예산이 이미 다 소진됐습니다.

형식 벌써요? 아이고⋯

대화를 여기까지만 끊어 보자. 상대의 미안한 감정을 끌어내고자 하는 형식의 전략은 비교적 성공적으로 진행되고 있다. 얼마 전 예고 없이 찾아왔다가 헛걸음했다는 사실로 한 번 미안한 감정을 만들었고, 뒤이어 제안을 거절당해서 상대에게 미안함을 느끼도록 했다. 아마도 이번 제안은 거절당할 것을 예상하고 방문했을 가능성이 높다. 일반적으로 비즈니스 관계에서 심혈을 기울인 제안이라면 저런 식으로 불쑥, 사전 약속도 없는 방문을 동해 하지 않기 때문이다. 그런 부분을 미뤄 짐작해 볼 때, 이번 방문과 제안은 다음을 위한 일종의 포석일 가능성이 높다. 다음번의 진짜 제안을 위한 'Door-in-the-face' 전략인 것이다. 그런데 이 정도의 전략과 포석은 사실 상대에게 너무 뻔히 보이는 수법이다. 정혁은 이런 상황을 수없이 겪어 봤을 것이고 이에 대해서 특별히 미안함을 느끼지 않을 가능성이 높다. 그렇다면 이다음이 중요하다. 계속 이어가 보자.

《 **2부** 1차 시도 》

형식   그런데 매번 한 번도 안 챙겨주시는군요.

정혁   네? 그랬었나요?

형식   그렇죠. 올해 벌써 세 번이나 제안했는데…

정혁   아… 죄송합니다. 아무래도 예산이 빡빡하다 보니…

형식   오늘은 이만 물러갑니다. 다음번에는 꼭 챙겨주시는 걸로 생각하겠습니다.

정혁   (돈 맡겨놨어?) 염두에 두겠습니다만, 장담 드리지는 못 하겠네요.

앞에서 상대의 미안한 감정을 끌어내되, 너무 노골적으로 해서는 안 된다고 했다. 이 대화는 그 예이다. 대놓고 '네가 나한테 미안해해야 하고 다음에는 이를 보상해야 한다'라는 식으로 이야기를 하니, 미안한 감정은 고사하고 오히려 반발심만 생기게 했다. 전반부 대화는 어떻게 보면 후반부 대화를 위한 '에피타이저' 같은 내용이었다. 좋은 에피타이저를 내놓고 정작 메인 요리에서 입맛을 망쳐 버린 꼴이다. 이래서야 앞에서 미안한 감정을 조금씩 워밍업한 보람이 전혀 없잖나. 형식 씨, 2부 대화를 처음부터 다시 해봅시다!

《 2부 2차 시도 》

형식 상품이 좋다 보니까 예산 상황 확인할 생각도 못 하고 그냥 달려왔습니다. 하하, 저도 참 미련하네요.

정혁 별말씀을 다 하시네요. 다음에도 좋은 제안 있으시면 주세요.

형식 네. 조만간 마음에 꼭 드실 제안을 하나 갖고 들어오겠습니다.

정혁 아… 뭔가 야심작을 준비하고 계시나 봅니다.

형식 네, 삼전사기! 지금까지는 예고편이었으니, 이번에는 진짜 본편이 나올 겁니다.

정혁 아, 올해 벌써 세 번이나 제안 주셨나요? 다음번에는 진짜 잘 검토해 보겠습니다!

형식 감사합니다. 기대하십시오!

　　　　　　　　공감 능력이 지배하는 세상에 대비하라

이번에는 허탕을 친 상황을 자신의 미련함으로 돌림으로써 상대의 측은지심을 자아내었다. '미안하다'와 '불쌍하다'는 사실 다른 감정이지만 뭔가 '도와주고 싶다'는 마음을 갖게 만든다는 점에서는 유사성이 있는 감정이다. 따라서 미안하다고 느끼게 만드는 것과 불쌍하다고 느끼게 만드는 것을 교차 구사하는 전략은 유효한 경우가 많다. 하여튼 이 같은 감정적 토대를 만들어 놓고 드디어 형식이 진짜 하고 싶었던 이야기인 '다음번 제안을 주목하라'라는 메시지를 전달하는데 성공을 거둔다. 더불어 세 번 제안했다가 모두 거절당했다는 내용도 은근하게 덧붙여서 다음 제안에 대한 집중도를 한 번 더 키워 놓았다.

연인, 친구, 비즈니스 파트너로부터 관계를 해치지 않으면서 무언가를 얻어 내고 싶은가? '은근하게' 상대를 미안하게 만들어라. 상대가 냉혈안이나 소시오패스만 아니라면 반드시 적지 않은 성과를 거둘 것이다.

거절의 테크닉

몇 달 전 라면값과 과잣값의 인하를 놓고 말들이 많았다. 처음에는 밀가루 등 원료비가 내려갔으니, 인상분을 환원시키라는 요청과 다른 비용 등 원가 인상 요인이 다양해서 당장 인하는 어렵다는 견해가 팽팽한 듯 보였다. 그러나 정부의 압박과 소비자들의 동조에 제조업체들이 계속해서 버티기는 어려웠다. 결국은 가격 인하를 감행했는데 그 이후로도 시끄럽다. 인하 폭이 작다느니, 시장 경제에서 이게 적절한 프로세스였냐는 등.

기업에서 오랫동안 몸담아 일해 온 경험으로 보면 한번 인상한 가격을 다시 내린다는 것은 정말 어려운 일이다. 가격을 올리게 되면 늘어난 매출에 맞춰서 모든 예산을 수립하기 때문에 기존에 짜인 예산과 비용을 갑자기 일괄적으로 줄인다는 것은 쉬

공감 능력이 지배하는 세상에 대비하라

운 일이 아니기 때문이다. 그 예산 항목에는 프로모션 등 변동비 항목도 있지만 인건비 등 고정비 항목도 많으므로 이를 갑자기 줄이는 것은 어렵다. 결국 가격 인하는 영업이익 감소로 이어질 가능성이 높고, 이는 다시 기업 활동 및 투자 위축으로 이어진다. 이러한 과정을 아는 기업으로서 가격 인하를 단행하는 것은 대단히 어렵고 심지어 위험한 행위일 수도 있다. 그러나 어쩌랴. 정부의 은근한 압박과 소비자의 더 강력한 호응성 압력을 기업이 견뎌내기란 사실상 불가능하다. 자칫 강하게 '거절의 수'를 썼다가는 엄청난 후폭풍을 맞게 될 수도 있기 때문이다.

그렇다. 거절에는 후한이 따른다. 이 같은 기업의 사회적 시장적 거절 행위는 물론이고 개인 간의 거절에도 대부분 후한이 따르게 마련이다. 그만큼 거절을 잘하기란 어렵다는 얘기다. 이 챕터에서는 바로 이 '거절의 테크닉'에 대해서 얘기해 보려고 한다.

후배 중에 거절에 유독 약한 친구가 있다. 하루는 식사 중에 이 친구가 한참 동안 통화하길래 중요한 전화인가 했다. 10여 분 통화를 마치고 "무슨 전화길래 식사하다 말고 이렇게 길게 통화를 해?"하고 물었다. 그랬더니 '텔레마케팅(TM) 전화'였단다. 다들 뒤집어졌다. "'TM 전화'를 이렇게 오래 받아? 빨리 거절하면 되지." 했더니 거절을 못 하겠단다. 냉정하게 끊고 싶은데 어떻게 해야 할지 모르겠다며…

거절에 취약한 사람들이 은근히 많다. 저 후배의 경우 좀 심각한 경우지만, 많은 이들이 무언가 제안을 받거나 부탁을 받았을 때 어떻게 거절해야 할지 몰라 난감해하곤 한다. 아래 대화를 보자.

민준 병만아, 나 너희 집 근처에서 관명이랑 술 먹고 있다. 나와라.

병만 벌써 9시가 다 되어 가는데요?

민준 에이, 1시간만 있다가 가. 얼굴 봐야지.

병만 저는 내일 출근도 해야 하고 어렵겠는데요.

민준 치사하다. 난 출근 안 하냐?

병만 하여튼 지금 자려고 준비 다 했는데 어떻게 나가겠어요. 다음에 뵈어요.

민준 쳇, 몰라. 이제 연락하지 말고 살자!

물론, 여기서 민준은 민폐 캐릭터다. 이런 민폐 캐릭터들은 주위에 꼭 있다. 하여간 그걸 떠나서 병만의 대처는 적절치 않아 보인다. 이런 식으로 상대의 제안이나 요청을 직설적으로 거절하는 것은 자칫 상대와의 관계를 끊겠다고 하는 것일 수 있다. 물론, 실제로 관계를 끊으려고 이런 식으로 응대한 것일 수도 있지만, 하여튼 거절의 기술 측면에서 보면 F등급에 해당한다.

공감 능력이 지배하는 세상에 대비하라

민준	병만아, 나 너희 집 근처에서 관명이랑 술 먹고 있다. 나와라.
병만	벌써 9시가 다 되어 가는데요?
민준	에이, 1시간만 있다가 가. 얼굴 봐야지.
병만	어휴, 저 와이프한테 죽어요.
민준	아니, 아직도 그렇게 제수씨한테 잡혀 사나?
병만	쩝, 그렇죠. 며칠 전에도 술 먹고 늦게 들어와서 이혼당할 뻔했어요.
민준	한심한 놈… 알았다.
병만	죄송해요… ㅠㅠ

거절 C등급이다. 이른바 '남 핑계, 상황 핑계' 대고 빠져나오기이다. 많은 사람이 이런 방법을 쓴다. 'TM 전화'가 왔을 때 회의 중이라고 한다든지, 전화 받기 어려운 상황이라든지 상황 핑계를 대는 것은 비교적 긍정적인 방법일 수 있다. 그러나 어떤 경우에는 치사하게 비칠 수도 있고 매번 써먹기도 애매한 방법이다. 따라서 아주 좋은 방법이라고 보기는 어렵다. 때로 상대가 막무가내로 제수씨 전화 바꾸라느니 상황을 더 악화시킬 수도 있으니까. 그나저나 예전에 화장실에서 어떤 남자가 소변을 보면서 "운전 중입니다"라고 통화하는 걸 봤다. 아마도 'TM 전화'가 왔던 모양이다. 여유롭게 소변을 보면서 운전 중이라고 얘기하는 게 얼마나 웃겼던지, 나도 모르게 '파악'하고 현웃(현실 웃음)이 터졌던 기억이 있다.

민준　병만아, 나 너희 집 근처에서 관명이랑 술 먹고 있다. 나와라.

병만　아, 선배! 어디신데요?

민준　어, 사거리에 있는 봉봉 치킨집이야.

병만　잠깐만요, 저 상황 좀 보고 다시 전화 드릴게요.

민준　어…꼭 와라?

병만　(30분 후) 아이고 선배, 제가 나가려고 옷도 입고 했는데 오늘은 도 저히 안 되겠어요.

민준　왜?

병만　아니, 와이프가 삐쳐서 설득이 안 돼요.

민준　그러게. 평소에 좀 잘하지.

병만　그러게 말입니다. 부끄럽습니다.

민준　하여튼, 알았다. 다음에 보자.

　거절 B등급의 시간차 공격이다. 얼핏 보면 C등급의 대처와 비슷해 보인다. 하지만 C등급과 결정적으로 다른 부분이 있다. '내가 나갈 의지가 있다'라는 것을 보여줬다는 것이다. C등급의 대화에서는 내가 의지가 있는지 없는지 알 방법이 없다. 그냥 남 핑계를 대고 있는 것이니까. 그러나 내가 의지가 있다는 것을 보여주고 물리적, 상황적 변수 때문에 어렵다고 했을 때 상대는 적어도 나를 비난하지는 않는다. 오히려 상황을 탓하겠지. 그러나 이역시 매번 써먹을 수는 없다. 특히 시간차 공격은 여러 번 반복

될 경우 상습범 취급당하기 십상이다. 그럼에도 한두 번쯤은 상당히 유용한 방법이다.

민준 병만아, 나 너희 집 근처에서 관명이랑 술 먹고 있다. 나와라.

병만 지금이요? 아이고 저 지금 집에서 야근 중이에요.

민준 이 시간까지? 에이… 거짓말 아니야?

병만 설마요. 오늘은 너무 나가고 싶은데 어렵겠구요, 차라리 다음 주에 날 잡으시죠.

민준 아, 그래? 그러자. 수요일이나 목요일쯤 어때?

병만 네, 좋습니다. 내일 오전에 다시 통화해서 확정하시죠.

민준 그래, 알았어. 아쉽네.

병만 저도요. 맥주 한 잔 시원하게 하고 싶은데… 오늘의 아쉬움은 다음 주에 화끈하게 푸시죠!

민준 ㅎㅎ 그래. 일 마무리 잘하고~

거절의 A등급… 역제안이다. 상대가 어떤 제안이나 요청을 했을 때 그냥 거절하는 것은 사실 관계 유지 측면에서 볼 때는 그리 긍정적이지 않다. 상대에 대한 미안한 감정을 남겨서 마음의 빚을 지는 것과 유사하기 때문이다. 이럴 때 역제안하는 것은 거절함과 동시에 공을 상대에게 넘겨서 내 마음의 부담도 제거하는 방법이다. 물론, 역제안할 마음도 없다든가 사실상 상대에게 희망 고문을 하는 셈이라면 좋은 방법은 아니다. 이런 경우라면 어차피 이후 관계를 고려할 필요가 크지 않으니, 거절 F등급에 해당하는 '정색하고 거절하기'나 C등급의 방법인 '남이나 상황 핑계 대기'를 쓰는 것도 나쁘지 않을 것 같다.

민준 병만아, 나 너희 집 근처에서 관명이랑 술 먹고 있다. 나와라.

병만 선배, 저 어제 술을 너무 먹어서 지금 약 먹고 누워 있어요.

민준 뭐? 얼마나 처먹었길래 그래?

병만 모르겠어요. 저 지금 몸에 열도 나고 식은땀도 나고 그래요.

민준 어휴, 미련한 놈… 몸 생각 좀 해라.

병만 죄송해요. 제가 며칠 내로 연락드릴게요.

민준 그래, 몸조리 잘해라.

거절의 S등급… '불쌍한 놈 코스프레'이다. 여기서는 아픈 척 거절했지만, 다양한 버전으로 활용할 수 있다. 하여튼 중요한 것은 상대에게 동정심이 들도록 만드는 것이다. 정말 나쁜 사람이 아닌 이상 동정심이 들면 뭔가 도와주고 싶지, 요구하거나 비난하고 싶지 않게 되는 법이다. 이에 겸손하게 자세를 낮춘다든지 불쌍한 상황을 내세운다든지 하는 것은 거절에 있어 고수의 방법이라 할 수 있다. 특히 겸손하게 자세를 낮추는 것은 거절당한 상대의 씁쓸한 마음마저 어루만져주는 효과가 있어서 더욱 유용

공감 능력이 지배하는 세상에 대비하라

하다. 다만 거짓 상황을 내세우는 것은 자칫 상대에게 발각될 위험이 있으니, 그 점은 유념해서 활용해야 하는 방법이다.

지금까지 거절과 관련된 여러 가지 테크닉들을 나열해 봤다. 거절의 기술을 등급으로 나눠 놓긴 했지만, 사실 상황에 따라서는 아래 테크닉이 오히려 위 테크닉보다 유효한 경우들도 있다. 즉, 어떤 경우는 B등급 테크닉이 오히려 S등급 테크닉보다 유용할 수 있다는 말이다. 상황과 다른 변수들은 통제하고 거절의 성공 가능성과 이후 관계 유지라는 측면에서만 등급을 나눠 놓은 것일 뿐. 따라서 지금까지 언급한 거절의 테크닉들을 상황과 사정에 따라 다양하게 조합해서 사용하는 것이 더 현명하다. 만약 이것들을 자유자재로 활용할 수 있다면 명실공히 '거절의 왕'이라고 부를 만할 것이다.

대영　우성아, 나 이번에 보험사 취직했다. 아무래도 이 일이 내 적성에 맞는 것 같아.

우성　아, 그랬구나. 건승을 빌게.

대영　그나저나 너도 웬만한 보험은 다 있겠지? 그래도 이 회사에서 나온 암보험은 차원이 달라. 다른 회사에서 특약으로만 보장되는 암도 다 보장해 주더라. 너도 하나 들어라.

우성　얼마짜린데?

대영 월 30만 원 짜린데, 백혈병에 구강암까지 안 되는 거 없이 거의 모든 암이 다 보장돼.

우성 (30만 원이란 말에 움찔하며) 그래? 일단 이메일로 사양 한번 보내줘 봐. 검토해 볼게.

(다음 날) 대영아, 네가 보내준 거 와이프랑 보고 상의해 봤는데, 와이프 왈, 아무래도 이거 하려면 뭔가 한 개 기존 보험을 해지하고 들어야 한대. 너무 중복이라… 그런데 기존에 적립된 금액도 상당 포기해야 하고 손해가 좀 크더라고.

대영 아이고 그래? 그럼 어렵겠어?

우성 골프 보험이나 운전자 보험 같은 건 없냐? 나 그런 건 없어서 필요할 것 같은데…

대영 아, 그래? 운전자 보험 좋은 거 있어. 그거 내용 보내줄게.

이 대화에서 대영은 우성에게 고액의 암 보험을 제시했다. 우성 입장에서는 친한 친구인 대영이 부탁하는데 그냥 거절하는 건 곤란한 상황. 작은 상품으로 돌리기 위해 시간차 공격, 와이프 핑계 대기, 역 제안, 손해가 큰 상황에 대한 불쌍한 놈 코스프레 등 온갖 스킬을 다 동원했다. 결국은 성공했다. 친한 친구가 아니었다면 완전 거절도 가능했을 것이다.

일상생활 속에서 우리가 거절해야 할 상황은 의외로 매우 많다. 가볍게는 마케팅 권유 전화부터 크게는 빚보증 요청까지…
지금은 사실상 사라졌지만, 예전에는 빚보증을 거절 못 해서 하
루아침에 길거리로 나앉게 된 사연들이 얼마나 많았나. 그런 걸
보면 어쎄넌 서절의 스킬은 생존의 수단과도 언결된 건시도 모르
겠다. 하여튼, 'TM 전화'를 거절 못 해 식사 중에 10여 분이나 통
화했던, 처음에 언급한 그 '거절 불능'의 후배에게 이 글을 바치
고 싶다.

꼰대가 되기 싫다면

　해외에도 알려진 단어, '꼰대'. BBC는 자사 페이스북 페이지에서 '오늘의 단어'로 'kkondae'를 소개하며 '자신이 항상 옳다고 믿는 나이 많은 사람(다른 사람은 늘 잘못됐다고 여김)'이라고 풀이했다고 한다. 이 정의에 비춰 보면 꼰대라는 것은 '나이의 권위'가 잘못 발현된 형태라고 보면 될 듯하다. 그런데 사실 권위라는 것이 그 자체로 나쁜 것은 아니다. 누군가를 우러러보게 되고 또 존경하게 되는 데에는 때로는 '권위'라는 것이 필요조건이 되기도 하니까. 즉 권위가 잘 발현되면 멘토로 존경받게 될 것이고 그것이 잘못 발현되면 꼰대로 추락하게 될 터이다. 권위의 발현도 결국은 말에서 비롯될 테니, 우리가 어떤 말을 하느냐에 따라 멘토가 되기도 하고 꼰대가 되기도 하는 것이다.

한편, 나이는 상대적이다. 꼰대는 중년 이상의 나이 지긋한 사람들만 될 수 있는 것이 아니다. 후배가 있고 기질⑺이 있다면 심지어 10대들도 꼰대가 될 수 있다. 이 글을 보고 있는 누구나 꼰대로 취급받을 가능성이 있다는 말이다. '나는 해당 사항이 없어'라고 생각하며 마음 내키는 대로 행동하다가는 어딘가 누군가로부터 꼰대 취급을 받게 될 것이다. 하여튼, 후배들로부터 '꼰대'로 취급받기를 원하는 사람은 없을 듯하다. 피학증을 가지고 있는 것이 아니라면 말이다. 그럼 어떻게 해야 '꼰대 가능성'으로부터 탈출할 수 있을까?

영은　선배, '스트릿 우먼 파이터'라는 TV 프로그램 본 적 있으세요?

진명　'스우파'라는 거? 그거 보긴 봤는데 센 언니들이 막 오버하는 것 같아서 별로더라.

영은　그러셨어요? 그래도 보다 보면 퍼포먼스가 꽤 멋있어요.

진명　멋있긴 뭐가 멋있어. 발레나 고전 댄스에 비하면 수준이 낮잖아.

영은　예, 발레도 좋죠. 그렇지만 여러 장르의 댄스로 치열하게 경쟁하는 모습이 매력적이에요.

진명　넌 잘 몰라서 그래. 춤은 원래 예술의 영역이야. 그걸 너무 대중화시켜서 예술성을 다 파괴한 것 같아. 난 큰 문제라고 봐.

영은　네… (이런 꼰대…)

꼰대를 벗어나는 단 한 가지 비결은 후배들을 '존중'하는 것이다. 혹 '존중'을 넘어 '인정'까지 가능하다면 그때부터는 '멘토'로 승격된다. 그러나 이런 얘기를 하면 '뭐? 나이 어린 후배들을 존중하고 인정하라고? 난 못해'라고 생각하는 사람들이 있다. 이른바 '불통 꼰대'다. 설마 그런 사람이 있겠냐고 생각된다면 자기 자신을 한번 들여다보라. 후배들을 어리다고, 잘 모른다고 낮게 본 적이 없었을까? 한두 번 그럴 수 있다면 매번 그런 사람도 있는 법이다. 그런 사례들이 모이면 '불통 꼰대'가 되는 것이고…

실전으로 들어가서… 대화하면서 꼰대가 되지 않는 몇 가지 요령이 있다.

첫째, 자기 생각과 다르더라도 후배들의 말을 무시하거나 부정하지 않는다. 정 다른 의견을 표명하고 싶다면, 일단 인정하고 그 뒤에 '다만' 정도의 언어를 써서 완곡하게 표현하는 것이 좋다. 회사 사장님과의 대화 상황이라고 가정해 보자. 회사 사장님이 무슨 얘기를 했는데 바로 이어서 무시하거나 부정할 수 있을까? 존중이란 그런 것이다. 상대의 발언을 함부로 무시하고 부정한다는 것은 존중하지 않는다는 뜻이다.

둘째, '너는 잘 몰라서 그래' 따위의 표현은 금지다. 이 말은 꼰대의 전유물에 해당하는 표현이다. 이런 표현을 구사함과 동시에 바로 꼰대 낙찰이다. 너는 잘 모르고 나는 잘 안다는 표현은 어떤 특정 분야의 전문가가, 이제 막 입문했는데 지나치게 건방을 떠는 초보자에게나 해줄 법한 표현이다. 그 초보자의 미래가 잘되기를 바라는 마음에서 말이다. 그런 상황이 아니라면 누가 어떤 상황에서 이야기하든 '너는 잘 몰라서 그래'라는 말은 꼰대의 표현인 셈이다.

셋째, '추억팔이'도 금지다. 흔히 '라떼는 말이야'로 조롱을 받는 '나 때는 말이야'… 과거 이야기로 자기가 나이 많은 것을 과시하는 이런 표현은 정말 볼썽사나운 꼰대 언어이다. 현재를 살아가면서 과거를 언급하는 것은 역사 수업 시간이 아니라면 동년배끼리 과거의 추억을 회상할 때나 적합할 듯하다. 이른바 '불멍'을 때리며 아름다운 추억 이야기를 할 때 말이다. 표현은 '우리 그때 생각나니?'로 수정되겠지만.

넷째, 후배 입장에서 확실히 듣고 싶을 것 같고(그러나 대부분은 듣기 싫을 것이다) 후배에게 도움이 되는 이야기를 하고 싶다면, 최대한 후배의 취향을 존중하면서 도저히 얘기를 안 할 수 없다는 간절함을 보이면서 이야기하라. 그렇지 않으면 후배 입장에서는 그야말로 '안물안궁(안 물어봤고 안 궁금함)'일 테다.

> **영은** 선배, '스트릿 우먼 파이터'라는 TV 프로그램 본 적 있으세요?
>
> **진명** '스우파'라는 거? 어, 본 적 있어. MZ세대 취향 저격 깔맞춤 프로라며? 하하.

영은 네. 퍼포먼스가 꽤 볼만해요.

진명 그래? 나도 다시 한번 집중해서 봐야겠네. 이전에 봤을 땐 잘 못 느꼈어.

영은 예, 여러 장르의 댄스로 치열하게 경쟁하는 모습이 꽤 매력적이에요.

진명 그렇구나. 역시 요즘은 경연 프로그램이 대세인 모양이다. 다만 요즘 이런 대중 댄스에 밀려서 발레나 고전 무용이 너무 홀대받는 것 같다는 생각도 들어. 그건 좀 아쉬운 듯. 하하, 너무 아저씨 같은 느낌인가?

영은 맞는 말씀이죠. 다만 그건 그거대로, 이건 이거대로 매력이 있는 거죠.

진명 맞아. 그 말은 백 퍼센트 공감함.

영은 선배, 같이 차 마시러 가요.

이 정도 오면 이런 말도 나올 수 있겠다. 꼰대 탈출은 좋은데 후배랑 이야기하면서 이렇게까지 조심하고 신경 써서 해야 하는 거냐고. 피곤해서 못 할 것 같다고. 그러나, 선배랑 얘기할 때는 조심하면서 얘기하지 않나. 딱 그만큼만 유의해서 얘기하면 된다. 그럼 적어도 꼰대 소리는 듣지 않을지니… 잠깐! 꼰대가 안 되는 건 좋은데, 그렇담 건방진 후배는 어째야 하지? 건방진 녀석들한테도 똑같이 존중하고 듣고 싶을 얘기만 하고 그래야 하는

공감 능력이 지배하는 세상에 대비하라

건가?

영삼 혜정 과장, 작성해 온 보고서 내용 중에 보니까 너무 유튜브에다 모든 예신을 몰빵하는 것 같던데 그게 맞이?

혜정 당연한 거죠. 요즘 MZ 세대가 유튜브 말고 이용하는 매체가 있나요?

영삼 아니 많이들 보고 이용하는 건 알고 있는데, 그래도 인스타그램, 틱톡 정도는 자원을 좀 배분해야 하지 않아?

혜정 그건 부장님이 요즘 광고 집행 트렌드를 잘 몰라서 그래요. 그건 무시해도 되는 비중이에요. 거기에 자원을 배분하면 유튜브에 쓸 돈이 너무 적어져요.

영삼 혜정 과장이 나보다 요즘 트렌드를 잘 아는 건 알겠는데, 나도 보는 게 있어요. 인스타그램 때문에 20~30대 여자들 사이에 골프가 유행하고 있고, 틱톡 때문에 10대들한테 커버댄스 붐이 일고 있는 게 현실인데 무슨 컨셉이든 상관없이 무조건 유튜브에만 몰빵하는 건 위험해 보여요. 자료 가지고 얘기합시다. 감으로 얘기하지 말고… 구체적인 레퍼런스랑 시뮬레이션 자료를 부탁해요.

혜정 네…

요즘 중장년들이 꼰대 소리를 하도 무서워하니, 이를 이용한 '역 꼰대'들도 생겨났다고 한다. 본인보다 나이 든 세대를 무조건 무시하고 '요즘 애들은', '요즘 트렌드는' 등의 얘기로 포장하면서 자기 얘기가 맞다고 우기는 자들이다. 그러나 그런 자들에게도 인정 내지 존중의 자세는 지키라. 후배를 존중하는 자세는 내가 꼰대가 되느냐 안되느냐를 결정하는 관문이지, 상대가 어떠냐에 따라 버리고 말고 하는 태도가 아니기 때문이다. 다만 이런 '역 꼰대'들에게는 논리와 경험에서 오는 노하우로 냉정하게 맞서면 된다. 그런 측면에서는 후배가 선배를 당해낼 재간이 없다. 경험이라는 것은 21세기에도 결코 무시할 수 없는 소중한 덕목이기 때문이다. '존중'과 '냉정'은 얼마든지 양립이 가능한 생활 태도임을 기억하자.

한편, AI도 꼰대가 될 수 있지 않을까 하는 상상을 해본다. 아무래도 AI가 보기에 인간들은 지식도 짧고 때로는 비이성적이고 할 테니, 조금은 우스워 보이지 않을까? 그러다 보면 꼰대의 태도가 나올 수도 있다고 본다. 어쩌면 그래서 꼰대가 아닌 인간이 되는 것이 더 중요하다고 생각한다. 상대적으로 더 훌륭해 보일 테니까. '꼰대가 되지 않는 법' 역시 AI 시대 우리 몸값을 지키는 방법이다.

불통 꼰대를 대하는
우리의 자세

　꼰대가 되지 않는 법을 이야기했으니, 이번에는 꼰대를 대하는 방법을 이야기할 차례이다. 내 주변에 어떤 사람은 자신이 꼰대인데도 다른 꼰대를 어떻게 대해야 하는지 모르겠다고 하는 사람도 봤다. 자기와의 싸움도 아니고… 허허. 그만큼 꼰대를 대하는 것이 어렵다는 말이겠다. 꼰대, 그중에서도 우리 주변에 반드시 한두 명쯤은 존재하는 '불통 꼰대'를 어떻게 대해야 하는 것인지에 관해 이야기해 볼까 한다.

　'불통 꼰대'를 한마디로 말하자면, 늘 남의 말은 절대로 들으려 하지 않고 오로지 자기만 옳다고 밀어붙이는 사람이다. 이런 사람을 마주하고 싶은 사람이 어디에 있겠는가. 그러나 보기 싫어도, 함께 하기 싫어도 피할 수 없는 관계라면 어떻게 응대해야 할까? 결론부터 얘기하자면 이런 사람들을 대하는 무슨 굉장한 비책 같은 것은 없다. 굳이 정답을 얘기하라면 둘 중 하나 정도이겠다. 무조건 맞춰 주거나 최대한 안 보거나… 아예 관계를 끊어 버리면 좋겠지만 그게 안 되니까, 우리가 이런 고민을 하는 거다. 그럼, 불통 꼰대들을 대하는 우리의 자세에 대해서 심화 학습을 해보자.

길수   송 팀장, 올해는 코로나19 땜에 식당에서 송년회를 못 하니까, 회사 사무실에서 배달 음식 시켜서 합시다.

경준   네? 거리두기 땜에 4인 이상 모이면 안 되는데요? 혹 알려지면 곤란해질 것 같은데요?

길수   그냥 하면 되지. 뭘 말이 많아?

경준   아니, 잘못하면 기사 나옵니다.

길수   쓰겠다면 쓰라고 해. 회사 송년회 하겠다는데 그걸 누가 뭐라고 해?

경준   팀원들도 반발이 심할 텐데요…

길수   자네는 말야, 말이 많아. 그냥 까라면 깔 것이지 무슨 말이 그리도 많나? 그래서 내가 자네하고 계속 일할 수 있겠나?

경준   죄송합니다…

이제는 벌써 까마득히 옛날 일처럼 느껴지는… 코로나19가 한창이던 시절에 나왔을 대화이다. 불과 몇 년 전의 상황들이 이제는 아득히 먼 옛날 일처럼 느껴지니, 사람은 망각의 동물이라는 말이 맞긴 한가 보다. 하여튼 당시 상황을 떠올려보면 누가 봐도 경준은 옳은 얘기를 하고 있고 이는 심지어 길수를 위한 이야기이기도 하다. 그럼에도 불통 꼰대의 맹렬함(?)에 경준은 '죄송합니다'로 대화를 끝맺을 수밖에 없었다. 다른 대처 방법은 정말로 없는 것일까?

길수 송 팀장, 올해는 코로나19 땜에 식당에서 송년회를 못 하니까, 회사 사무실에서 배달 음식 시켜서 합시다.

경준 아… 네, 알겠습니다. 다만 거리두기 땜에 4인 이상 모이면 안 되는데 괜찮을까요?

길수 괜찮아. 이 정도 가지고 뭘…

경준 팀원들한테 전달하겠습니다. 팀 밖으로는 함구하라고 당부해 놓을까요?

길수 음… 그래.

경준 (다음 날) 상무님, 어젯밤에 곰곰이 생각해 보고 기사들도 좀 찾아보고 그랬는데요, 관련해서 안 좋은 사례들이 꽤 있었습니다. 조금 염려가 됩니다.

길수 부정적 기사들이 많이 있나?

경준 네, 좀 신중해야 할 것 같습니다. 요즘은 블라인드에서 떠드는 것
도 민감하고…

길수 음… 일단 보류해 봐. 좀 더 생각해 봅시다.

경준 알겠습니다. 어느 쪽이든 지시 내려 주십시오.

얼핏 보면 별 차이가 없는데 결론은 완전히 다르다. 도대체 두
대화의 차이가 무엇이었을까? 바로 분석해 보자. 불통 꼰대를 대
하는 첫 번째 원칙! 말 끝난 즉시 'No!'를 하지 말 것. 절대 원칙
이기도 하다. 내가 뭔가 이야기를 했는데 바로 거절당하면 꼭 꼰
대가 아니더라도 기분 나쁜 건 사실이다. 심지어 자기는 무조건
옳다고 생각하는 불통 꼰대라면 무슨 말을 더 하겠는가. 일단은
'Yes'를 하자. 절대 받아들여서는 안 되는 일이라면 이후 다시 찾
아가서 이야기하면 된다. 옳은 이야기인데 왜 번거롭게 발걸음을
두 번 해야 하냐고 반문하는 사람들이 있겠다. 사실 나도 이전에
는 같은 생각이었다. 그러나 한 걸음에 성사될 수 없다면 어쩔 수
없지 않을까? 목적이 설득하는 것이라면 말이다.

둘째, 경준은 다음을 기약함과 동시에 길수에게 '생각의 과제'
를 던졌다. "괜찮을까요?", "당부해 놓을까요?"라는 의문형으로…
직접 부인하면 나의 의견이 되지만, 질문의 형태로 의문점을 던
지면 상대에게 고민의 공을 넘기게 된다. 내 의견이 아니라 당신
이 고민해 보라는 것이다. 불통 꼰대들의 특징은 모든 것을 자기

가 결정하겠다는 식이기 때문에 의외로 질문받는 것을 좋아한다. 사소한 것도 질문하다 보면 불통 꼰대는 자기가 모든 것을 콘트롤하고 있다고 여길 것이고 대화에 만족하게 될 것이다.

셋째, 바른말을 하고자 하는 '두 번째 걸음'에서 주의할 점은 지난 미팅 이후로 많이 고민하고 조사했다는 걸 강조해야 한다는 것이다. 그냥 즉석에서 하는 말이 아니고 많이 조사하고 고민했다고 하면 아무리 불통 꼰대라 하더라도 진지하게 듣고 판단하게 될 것이다. 물론 실제로도 조사는 좀 하는 것이 좋다. 구체적으로 얘기해 보라고 할 수도 있으니까. 하여튼 결국 길수도 좀 더 신중하자고 한 발 물러섰고 아마도 하지 않는 쪽으로 결론 날 가능성이 클 것이다. 결국 경준의 뜻이 통한 것이다.

넷째, 길수는 자신의 의견이 꺾였다는 생각에 기분 나쁠 수도 있다. 이에 경준은 어떤 결론이든 당신의 의견을 따르겠다고 보험성 장막을 쳐놓는다. 어떤 결정을 하더라도 무조건 당신 뜻대로 하겠다는 표현으로 자존심이 상한 선배를 달래는 것이다. 현명하다.

보통 불통 꼰대와의 대화는 이런 식으로 풀어 나가는 것이 원칙이다. 경청 ⇒ 동의 ⇒ 의문형 과제 ⇒ 조사 및 더 깊이 고민(설득 방법 포함) ⇒ 두 번째 발걸음 ⇒ 설득 ⇒ '그럼에도 복종' 의견 전달(달래기). 대게 이 원칙과 프로세스를 지키면 웬만한 불통 꼰대들은 다 설득이 가능할 것이다. 다만 특정 사안에서 꼰대의 의지가 너무 강해서 설득이 쉽지 않겠다 싶으면 설득의 타이밍을 서너 번째 발걸음으로 미루면 된다. 또한 두서너 번의 발걸음을 지속하면서 의문형 질문을 계속해서 던지는 게 필요하다.

이 같은 프로세스 이외에 마무리 팁을 하나 더 제시하자면, 불통 꼰대에게는 사소한 것도 보고하고 사소한 것도 질문하는 것이 좋다. 불통 꼰대와 관계를 이어가자면 귀찮더라도 어쩔 수 없다. 그들은 통제감을 제일로 여기고 통제하고 있는 기분에 가장 만족하는 존재들이니까. 불통 꼰대를 대하는 장면을 상상하고 있자니, 뭔가 가슴이 답답해지는 느낌이다. 그럼에도 그 기분을 극복하고 현명하게 행동하는 자가 결국은 이기는 거다. 직장이든 가정이든 '불통 꼰대를 대하는 우리의 자세'로 건승하시기를! 건투를 빈다.

공감 능력이 지배하는 세상에 대비하라

무례하지 않기.
예의 있는 표현이란?

몇 년 전부터 TV를 보다 보면 뭔가 과거와 달라졌다 싶은 부분이 한 가지 있다. 출연자들이 남들에게 공손하고 예의 있는 사람으로 보이는 것을 매우 중요시한다는 것이다. 무례하다는 것은 남을 무시한다는 의미이고 특히 문화적으로 성숙한 선진국일 수록 남에게 무례한 사람은 아주 수준 낮은 사람으로 여겨지는 것이 보통이다. 우리나라의 생활 수준과 문화 수준이 올라가면서 그런 선진국들의 문화 의식이 자연스럽게 우리 TV 문화 속으로도 이식되었을 것이다. 속마음이야 어떻고 밖에서 어떻게 행동하든 TV 속에서는 남들에게 공손하게 말하고 행동하는 모습으로 보여야 한다는 것이 방송 출연자들에게 하나의 불문율이 되어버린 것이다.

하여튼 이 시대에 남들에게 '공손하게 말하는 법'은 그냥 선택 지 중 하나가 아니라 필요조건이 되어 가고 있다. 이것은 아마도 시간이 지날수록 더욱 심화할 것이다. 여기서는 이 시대의 필수 가치가 되어 버린, '공손하게 말하는 법'에 대해서 이야기해 볼까 한다.

윤서 팀장님, 이번 프로젝트는 어떤 부분에 중점을 두면 좋을까요?

호재 알아서 해 봐요.

윤서 너무 막막해서요. 지난번 프로젝트가 결과가 안 좋아서 이번에 도…

호재 아니, 됐고, 일단 고민해서 초안 잡아 와 얘기합시다.

윤서 네…

호재 그나저나 오늘은 동태탕이나 먹으러 갑시다. 윤서 씨는 동태와 명 태, 생태, 북어, 황태, 노가리가 다 같은 생선을 지칭한다는 사실 알아요? 명태를 얼리면 동태, 얼리지 않으면 생태, 비바람에 말리 면 황태, 바짝 말리면 북어, 명태 새끼는 노가리… 명태는 일본 근 처 바다에서 많이 잡히는데… (어쩌고저쩌고)… 난 생태탕보다 동 태탕이 좋더라고 그 식감이… (어쩌고저쩌고)…

윤서 (영혼이 털린 눈빛으로) 네. 팀장님. 정말 대단하세요. 그런 건 다 어떻 게 알게 되었어요?

호재 하하. 생선을 좋아하면 자연스럽게 알게 되지. 도루묵에 관해서도 얘기 좀 해줄까요?

윤서 (흐억!) 아, 하하… 네…

꼰대에 내해서 애기하려는 건가? 하시는 분도 있을 수 있겠다. 비슷한 측면도 일부 있겠지만, 자기가 무조건 옳다고 생각하는 꼰대의 특징과는 조금 다르다고 본다. 꼰대에 대해서는 앞에서 많이 이야기했으니, 오늘은 저 대화에서 어떤 부분이 무례했는지를 중심으로 짚어보자. 그 과정에서 무례하지 않게 대화하는 법이 자연스럽게 도출될 것이다.

우선, 너무나 당연한 얘기지만 남의 말을 도중에 끊는 것은 가장 무례한 행태이다. 자기 상사나 스승과 대화한다고 가정해보자. 상사나 스승이 얘기하고 있는데 도중에 말을 끊고 들어갈 수 있을까? 사회적으로 매장당하고 싶은 사람이 아니라면 그런 형태의 대화는 하지 않을 것이다. 꼭 하고 싶은 얘기가 있어서 입이 근질거려도, 상대의 오해를 즉시 바로잡고 싶어도, 혹 할 말을 잊어 버릴까 봐 조바심이 난다고 해도 상대의 말을 도중에 끊어서는 안 된다. 말을 끊는 것은 무례의 끝이다.

둘째, 장황하게 자기 말만 하는 것 역시 매우 무례한 일이다. 일상대화에서 우리가 누군가의 말에 집중할 수 있는 시간은 길어야 30초 정도이다. 그것도 길다. 대게는 15초 정도가 넘어가면 집중력을 잃게 된다. (그래서 TV광고를 그 정도 길이로 만드는 것이다.) 그럼에도 자기 말을 끊임없이 이어가는 것은 무례한 행위이다. 남이 듣든가 말든가 그냥 내 말만 하면 그만이라는 태도이기 때문이다. 과거 어떤 기자하고 점심을 먹는데 재미있는 얘기랍시고 자기 과거 경험을 1시간 이상 늘어놨다. 동석했던 내 후배는 이미 눈이 풀리고 기절 직전에 있었고 나 역시 정신을 잃지 않기 위해 눈에 힘을 주고 연신 다리를 꼬집어 댔다. 그 기자가 고의로 무례하게 대하고자 한 것은 아닐 것이다. 그러나 상대가 자기 윗사람이나 '갑'이었다고 해도 그같이 했을까?

셋째, 질문에 대해 답변할 때는 '최소한의 양'이라는 것이 있다. 너무 짧은 답변은 어쩔 수 없이 무례하다는 인상을 준다. 예전 근무하던 회사에서는 특이한 문화가 있었다. 상사나 오너로부터 문자나 카톡을 받으면 반드시 받은 문장보다 최소한 두 배 이상의 양으로 답변해야 했다. 그렇지 않으면 무례하고 예의에 어긋난다는 암묵적인 룰이 있었던 것이다. 조금 특이하고 이상한 문화라고 생각한다. 그 양을 채우기 위해 쓸데없는 얘기를 중언부언으로 덧붙여야 했으니까. 무언가 질문을 받았을 때 적절한 양의 답변이 예의라는 사실을 극단적으로 보여주는 사례이다. 두 배는 좀 심하게 강박증적이고 적어도 비슷한 양 정도는 필요한 것이 아닐까 싶다. 상식적으로도 질문이 답보다 길다는 것은 이상한 형태이다. 즉, 답변할 때는 최소한 질문의 양만큼은 이야기하는 것이 무례하지 않아 보일 것이다.

공감 능력이 지배하는 세상에 대비하라

넷째, 상대가 도움을 구해 왔다면 최소한의 도움이라도 줄 수 있는 방법을 고민하는 것이 예의이다. 도움을 구했는데 일언지하에 고민도 해보지 않고 묵살한다는 것은 상대를 무시하는 행위이다. 최소한 고민하는 척이라도 하는 것이 예의 아닐까? 반복하지만 상대가 대하기 어려운 사람이라면 그처럼 대하지는 않을 것이다. 생면부지의 사람이라고 해도 곤경에 빠진 사람을 그냥 외면하는 것은 사회 구성원으로서 비난받을 수 있는 일이다. 하물며 측근의 도움 요청을 고민도 해보지 않고 외면한다면 그 사람이 그 집단에서 존재 가치를 인정받을 수 있을까?

윤서 팀장님, 이번 프로젝트는 어떤 부분에 중점을 두면 좋을까요?

호재 음… 나도 아직 깊이 생각해 보지는 않았는데… 얼핏 드는 생각은 경기가 안 좋으니까, 기존 제품의 리노베이션 쪽으로 고민해 보면 어떨까 싶네요.

윤서 알겠습니다. 일단 초안 잡아서 보고드리겠습니다.

호재 그래요. 고민되면 언제든 물어봐도 되구요.

윤서 네. 감사합니다!

호재 그나저나 날씨도 쌀쌀한데 오늘 점심은 동태탕 어때요? 물론 다른 메뉴도 좋구요.

윤서 그렇네요. 쌀쌀할 때 동태탕, 좋을 것 같아요.

호재 그래요. (걸어가며) 근데 윤서 씨, 동태와 노가리가 같은 생선이라는 사실 알아요?

윤서 어? 그런가요? 전 먹어만 봤지, 그게 같은 생선인지 몰랐습니다.

호재 하하. 동태, 그러니까 명태 새끼가 노가리에요.

윤서 어머, 재밌네요. 그러고 보니, 명태를 얼린 걸 동태라고 하는 거지요?

호재 맞아요. 얼리지 않으면 생태, 비바람에 말리면 황태, 바짝 말리면 북어…

윤서 (손뼉을 치며) 와! 저는 처음 알았어요. 팀장님. 정말 대단하세요. 그런 건 다 어떻게 알게 되셨어요?

호재 하하. 생선을 좋아해서인지 자연스럽게 알게 된 것 같아요.

윤서 다음엔 다른 생선 얘기도 해주세요.

호재 그래요. 다음에 도루묵 조림 먹을 때는 도루묵에 대해서 재밌는 얘기 해줄게요.

주거니 받거니, 앞의 대화와는 차원이 다른 원활한 대화다. 호재의 어법 변화가 이렇게 대화를 바꿔 놓았다. 무례하지 않았던 것은 물론이고 여기서는 몇 가지 '공손한 대화의 스킬'이 사용되었다.

우선 두 대화 중에 가장 눈에 띄는 차이는 무엇일까? 대화의 형식. 맞다. 뒤의 대화 사례에서는 두 사람이 계속해서 주고받기 식으로 대화하고 있다. 공손하고 예의 바른 대화를 구사하려면 이처럼 일방이 아닌 쌍방향의 대화를 계획해야 한다. 계획이라고? 맞다. 계획이라고 볼 수 있는데 대화를 주도하는 사람의 계획하에 이 같은 쌍방향 대화가 성사되기 때문이다. 대화 하나 하는데 무슨 계획까지 해야 하냐고 반발하시는 분도 있겠지만, 사실 우리는 누구나 수도 없이 많은 대화 경험 덕분에 순식간에 대화의 계획을 짜는 능력을 갖추고 있다. 보통 윗사람과 대화할 때는 대부분 무의식적으로, 때로는 의식적으로 대화의 계획을 짠 다음 대화를 진행한다. 따라서 아랫사람과 대화할 때 조금만 신경 써서, 대화 계획을 짠 후 대화에 임하는 것이 좋겠다.

뒤의 대화 예에서 호재는 긴 이야기를 한 번에 늘어놓지 않는다. 상대의 반응을 봐가며 대화를 이어 나가겠다는 계획인 것이다. 그래서 명태 이름 관련 상당히 긴 대화의 소재 중 일부만을 오픈한다. 윤서가 잘 모를 가능성이 큰 동태와 노가리의 관계만 이야기함으로써 궁금증을 야기하고 상대가 더 듣고자 하는 의지가 있다는 것을 확인한 다음에야 더 많은 얘기를 풀어 놓는다. 이렇게 사전에 세워진 대화 계획을 통해 쌍방향적이고 원활한 대화가 가능하게 된 것이다.

둘째, 지시하거나 권유할 때는 의문문으로 하거나 에둘러 표현하는 것이 좋다. 뒤에 〈지시의 교양, 지시의 품격〉에서 자세히 설명하겠지만 의문문 형태의 지시나 권유가 훨씬 품위 있고 예의 있게 들리는 법이다. 한편, 에둘러 표현하는 것 역시 공손한 표현이라고 하겠다. '고민해 봐라.' 보다는 '고민해 보면 어떨까 싶네요.', '언제든 물어봐라.' 보다는 '언제든 물어봐도 되구요.', '자연스럽게 알게 되지.' 보다는 '자연스럽게 알게 된 것 같아요.' 같은 식으로 두루뭉술하게 표현하는 것이다. 단정적으로 말하는 것보다는 이렇게 에둘러 표현하는 것이 훨씬 정중하고 공손하게 들린다.

셋째, 무엇보다도 상대에게 예의 있고 공손하게 표현하고자 하는 마음가짐과 태도가 중요하다. 우리가 대화하다 보면 본의 아니게 다른 누군가에게 크고 작은 상처를 주곤 한다. 특히 가까운 사람이나 아랫사람과 대화할 때 그런 경우가 더 많다. 그 빈도를 조금이라도 줄이는 방법은 예의 바르고 공손해지고자 하는 마음으로 대화에 임하는 것이다. 무례한 대화에는 상대를 무시하는 마음이 들어 있다고 봐도 무방하다. 그런 마음이 바로 상대에게 상처를 입히게 되는 것이다. 그러므로 예의 있게 대화하고자 하는 태도를 가지고 그것을 표현하는 행위는 상대를 존중하고 배려하고자 하는 마음가짐 그 자체라고 볼 수 있다. 공손한 대화가 중요한 이유가 바로 여기에 있다.

남을 존중하지 않는 사람은 반드시 언제가 누군가로부터 무시당하는 뼈저린 경험을 하게 된다고 한다. 그것이 과거에 존중하지 않았던 상대이건, 아니면 그로부터 영향을 받은 제3자이건, 때로는 신의 섭리에 의한 것이든 말이다. 그것이 우리가 사는 이

공감 능력이 지배하는 세상에 대비하라

세상에 흐르는 오묘하고도 도도한 진리이자, 순리일 것이다. 쉽
게 표현하면 인과응보의 일종이라고나 할까?

인사 좀 잘합시다

　새해나 추석 등이 되면 많은 사람이 인사를 건넨다. 덕담부터 건강 기원, 그리고 대박 기원까지… 메시지도 다양하고 수단도 다양하다. 이렇다 보니, 어떤 이들은 너무 많은 인사 메시지에 피로를 호소하기도 한다. 답을 안 할 수도 없고, 다 하자니 만사 제쳐놓고 이것만 해야 할 것 같고… 그래서 어떤 이들은 일일이 답변하는 대신 인사 이미지를 다운받거나 만들어서 인사 대신 보내기도 한다.

　명절 인사를 이야기했지만, 사실 인사라는 것은 우리가 늘 입에 달고 살고 또 가장 많이 하는 verbal, nonverbal 커뮤니케이션 행위이다. 그럼에도 우리는 보통 이 인사에 대해서 그리 깊이 생각하지 않는다. 공기처럼 우리의 호흡 속에 늘 맴도는 무엇이지

공감 능력이 지배하는 세상에 대비하라

만, 그렇기 때문에 진지하게 생각해 보지 않는 것이다.

여기서는 우리와 늘 함께이지만, 그에 대해 많이 생각하지는 않는 행위, 인사에 대해서 이야기를 해볼까 한다.

상균 (전화벨 소리) 네, 작은 아버지.

건화 이 녀석아, 전화를 받았으면 먼저 인사를 해야지.

상균 아, 하하. 안녕하세요.

건화 요즘 젊은 놈들은 다들 왜 그러냐? 인사들을 안 해.

상균 젊은 사람들은 가까운 사람들하고 통화할 때 보통 인사를 안 해요. 호칭을 부르는 걸로 인사를 대신하죠.

건화 아니, 그게 무슨 나라 문화야?

상균 하하. 그게 통용되는 요즘 문화인걸요.

건화 허허. 나 참…

이 대화는 내가 경험한 실제 대화이다. 요즘 젊은 사람들이 충분히 경험할 수 있는 상황이기도 하다. 규정된 것은 아니지만, 최근 핸드폰 수신 문화를 간략히 표현하면 이렇다. 모르는 사람일 경우 "여보세요", 비즈니스 관계나 조금 먼 사이일 경우 "안녕하세요", 가까운 사이일 경우 '호칭 부르기'. 그런데 이것을 문화라고 이야기한다면 한 가지 중요한 전제가 있다. 문화란 것은 그 문화권 내에서 통용이 되는 것이지 문화권 밖의 사람들에게까지 통하는 것은 아니라는 점이다. 즉, 젊은이들 사이의 문화라면 젊은이들끼리 사용해야지, 어르신들에게 적용하는 것은 적절치 않다는 얘기다.

서양식 인사인 볼 키스를 예로 들어보자. 서양 사람 누군가가 우리나라에 와서 이성에게 친근감을 표시한답시고 볼 키스를 한다고 가정해 보자. 서양 사람이니까 하고 흔쾌히 받아주는 사람도 있겠지만, 어떤 사람은 불쾌하다고 생각할 수도 있다. 서양에 사는 동양인이 그랬다면 더 그럴 가능성이 높아질 것이다. 문화권 밖에서 자기 문화를 고수한다는 것의 문제가 이런 것이다. 즉, 다른 문화권 사람을 상대할 때는 상대의 문화에 맞춰 주는 것이 예의라는 말이다.

특히나 인사가 그렇다. 인사의 탄생 유래를 보면 상대에게 적의가 없고 호의를 갖고 있다는 것을 표현하기 위한 것이었다고 한다. 그렇다면 상대가 호의를 느끼도록 해야 하는 것이니, 그 사람의 문화에 맞춰주는 것이 당연하다. 작은아버지 전화를 받을 때는 작은아버지가 적절하다고 생각하시는 인사 문화를 구사해야 한다는 것이다.

현성 (90도 인사) 형님, 안녕하셨습니까?

덕재 어, 안녕. 근데 조폭이냐? 90도 인사를 하게?

현성 정중하게 한다고 한 건데 별로세요?

공감 능력이 지배하는 세상에 대비하라

덕재   그렇지. 남들 보기에도 민망하고…

현성   저는 항상 이렇게 인사하는데요?

덕재   전혀 정중해 보이지 않으니까 고치는 게 좋을 것 같다.

간혹 90도로 허리를 숙여 인사하는 사람들이 있다. 특히 정치인 중에 이런 사람들이 꽤 있다. 그런데 90도로 인사를 하는 것은 전혀 정중한 인사법이 아니다. 오히려 장난한다고 생각하는 사람들도 있을 것이다. 조직 폭력배들이 그런 식으로 인사하기 때문에 얻어진 이미지 탓도 있다. 앞에서도 이야기했지만, 상대가 긍정적으로 받아들이지 못할 가능성이 있다면 그것은 제대로 행해진 인사가 아니다.

'고개 숙여 인사한다'는 말에 해답이 있다. 고개를 숙이는 행위는 상대에게 존경심 내지 존중을 표하는 행위이다. 반면 90도로 인사할 경우, 고개를 숙이기가 힘들다. 인간의 신체가 그렇게 만들어져 있기 때문이다. 그러니 90도 인사는 존중을 표하는데 한계가 있다고 봐야 한다. 이렇게 얘기를 하면 허리를 숙이면 어떻고 고개를 숙이면 어떠냐고 반문하는 사람들도 있을 듯하다. 물론, 여기에 분명한 정답은 없다. 하지만 적어도 고개를 숙이는 것이 존경과 존중의 의미라는 것에는 이견이 없을 것이다. 묵념을 떠올려보면 된다. 그러니 고개를 숙이는 행위 쪽에 좀 더 무게감을 주는 것이 적절하다고 생각한다.

부연 설명을 하자면 내 정수리가 상대에게 보일 정도로 고개를 숙이면 된다. 시간은 1초 이상. 당연히 허리도 30~45도 정도는 함께 숙여야 한다. TMI^{Too Much Information}라고 생각할 수도 있겠지만, 의외로 중년 어른 중에도 인사하는 법을 잘 모르는 사람들이 꽤 있다. 그분들을 위한 것이니 이해하시길.

도희　선배님, 저 먼저 들어갈게요.

선호　어. 수고했어.

도희　네, 수고하세요.

선호　도희야, 윗사람한테는 '수고하세요'라고 인사하는 거 아니야.

도희　네? 왜요?

선호　윗사람한테 '수고하라'라고 하는 건 예의에 어긋나는 표현이거든.

도희　이해가 안 되는데요?

선호　음… 나도 이유는 잘 몰라. 그렇대.

의외로 이유는 물론이고 그런 말을 하면 안 된다는 것을 잘 모르는 젊은이들이 많다. 윗사람에게 그런 인사가 적절하지 않은 이유는 '수고하라'는 말이 '고생을 해라', '열심히 일하라'라는 뜻이기 때문이다. 윗사람한테 '(더) 열심히 하세요'라고 말한다고 바꿔서 표현해보면 이해가 쉽다. 상식적인 수준에서도 말이 안 되는 표현이다.

　　공감 능력이 지배하는 세상에 대비하라

자주 보는 윗사람에게 헤어질 때 하는 인사라면 '먼저 가보겠습니다'라든지 '내일 뵙겠습니다' 정도가 좋을 듯하다. 자주 보는 사람이 아니라면? '다음에 뵙겠습니다', '건강하세요' 정도로 인사하면 될 듯하다. 다루기 민망할 정도로 모두가 알 법한 기초적인 얘기지만…

인사. 참 일상적이면서도 때로는 어려운 영역이다. 여기서는 간단히 몇 가지만을 언급했지만, 사실 인사를 본격적으로 얘기하고자 한다면 십수 번의 주제로 다뤄도 충분히 할 얘기가 많을 듯하다. 인사라는 것이 따지고 보면 지금까지 다뤄왔던 축하, 위로, 감사, 사과 등 사람과 사람 사이에 오가는 말들을 종합한 개념이기 때문에 생각하기에 따라서는 지금까지 다뤄왔고 앞으로도 계속 이야기할 테마이기 때문이다.

지혜롭게 컴플레인 하는 법

　가끔 식당에서 뭔가 불만을 과하다 싶을 정도로 표출하는 사람들이 있다. 가만히 들어보면 저 정도는 그냥 참고 넘겨도 될 듯한데 마치 무슨 큰일이라도 난 것처럼 식당 직원들한테 욕하고 소리치고 한다. 너무 심해서 나서서 식당 편을 들어줄까 하는 생각이 든 적도 있었다. "이건 말이에요, 손님이 잘못하시는 겁니다!" 이렇게… 그러나, 그런 짓을 했다가는 그 화를 내가 대신 뒤집어 쓰게 될 게 자명하니, 그냥 비겁하게 담대히 참고 만다.

　분노의 시대다. 2020년대를 사는 사람들은 화를 내고 싶어서 안달이 나 있다. 최근 몇 년간 분노를 유발하는 컨텐츠들이 대성공을 거두고 있는 것은 우연이 아니다. 분노를 표출할 수 있는 대리 창구가 되기 때문이다. 몇달 전 대박을 터뜨린 영화 〈서울의

　공감 능력이 지배하는 세상에 대비하라

봄〉부터 넷플릭스 드라마 〈더 글로리〉, 〈소년심판〉, 쿠팡플레이 〈소년 시대〉 등등. 이 외에도 최근 성공한 작품들 셋에 하나는 분노 유발 요소들을 다분히 담고 있으니, 더 예를 들 필요가 없을 정도다. 오죽하면 이런 사회상을 남은 넷플릭스 드라마 〈성난 사람들〉이 미국 에미상을 휩쓸었을까. 그만큼 분노에 휩싸인 전 지구적인 현상을 잘 그려냈다는 말이고 이는 역으로 이 사회가 분노로 가득 차 있다는 사실을 방증하는 것이다.

하여튼 많은 이들이 분노를 표출하고 싶어 한다. 다들 가슴속에 화를 잔뜩 품고 있어서 여차하면 화를 쏟아낼 준비가 충분히 되어 있다고나 할까? 이런 상황이니 앞에서 언급한 것 같은 식당에서의 과도한 불만 표출이 어떻게 보면 이해가 되기도 한다. 어딘가 분노를 표출하고 싶은데 딱 빌미를 제공한 셈이다.

그러나 이는 정당하지 않다. 종로에서 뺨 맞고 한강에서 눈 흘긴다고 했던가. 자신의 관계와 삶 속에서 품은 불만과 화를 왜 식당 종업원에게 푸는 것인가. 그건 명백히 갑질이고 폭력이다. 약한 사람을 골라서 괴롭히는 것은 인간의 아주 고약한 본성의 일면이다. 이렇게 화를 누군가 엉뚱한 사람에게 분출하고 싶을 때는 언젠가 자신도 똑같이 당할 수 있다는 생각을 해야 한다. 이 세상에 영원한 강자란 없으니까 말이다. 자신이 당하는 것이 싫다면 남에게도 쏟아내서는 안 된다.

그렇다면 무언가 불만, 컴플레인을 표현해야 할 때 어떻게 해야 할까? 무조건 참는 것이 능사는 아닐 것이다. 무조건 참다가 그것이 응어리지면 화병이 되고 우울증이 된다고 하지 않는가. 이번 챕터에서는 이런 우리 삶의 딜레마를 조금이나마 해소해 보고자 한다. 이번 주제는 '어떻게 하면 세련되게 불만을 표출할 것인가', 즉, '지혜롭게 컴플레인하는 법'이다.

승호	여기요, 잠깐 와보실래요?
종업원	네. 뭐 필요한 거 있으세요?
승호	아니, 코스 요리가 중간에 이렇게 텀이 길면 어떡해요? 아까 요리 나오고 벌써 이십 분이 넘었어요.
종업원	죄송합니다. 바로 확인 해보겠습니다.
	(잠시 후) 손님, 죄송합니다. 주문이 갑자기 밀려서 지연되고 있습니다. 금방 가져다드리겠습니다.
승호	아니, 뭐 이따위예요? 식사 흐름이 다 끊겼잖아요. 미안하다고만 하면 다예요?
종업원	죄송합니다. 죄송합니다.
승호	사장님 좀 오라고 해요.
종업원	아이고, 저에게 말씀하시지요.
승호	아니, 당신하고 말이 통하겠어? 이게 뭐야? 기분까지 다 잡쳤잖아.
종업원	…

공감 능력이 지배하는 세상에 대비하라

승호   사장 부르라니까?

종업원   손님, 최소한의 예의는 좀 지켜주시면 안 될까요?

승호   뭐야?

의외로 자주 볼 수 있는 장면이다. 그런데 이건 컴플레인이 아니다. 그냥 화풀이지. 컴플레인이란 건 그런 행위를 통해 제대로 된 서비스 혹은 재화를 받고자 함인데 이건 그냥 싸움을 하자는 것밖에 안 된다. 컴플레인의 테크닉을 이야기하기전에 반드시 짚고 가야 할 것이 있다. 그것부터 살펴보자.

우선, 컴플레인 행위를 통해 무엇을 얻고자 하는지를 명확히 해야 한다. 서비스 혹은 재화를 다시 받고자 하는 것인지, 엑스트라로 서비스를 원하는 것인지 그것도 아니면 그냥 상한 기분에 대한 사과를 받고자 함인지 등. 목적이 명확하지 않으면 매우 비효율적인 행위가 될 수도 있고 때로는 쓸데없는 감정싸움으로 번질 가능성도 크다. 목적이 싸우고자 하는 것이 아니라면 정확히 무엇을 얻고자 함인지 우선 결정하자.

목적을 명확히 했다면 이번에는 상대가 무엇을 잘못했고 나는 잘못한 부분이 없는지 확실히 해야 한다. 그래야 컴플레인 행위가 엉뚱한 방향으로 흐르는 것을 막을 수 있다. 상대의 잘못을 규정할 때는 내가 이야기하는 대상인 상대의 잘못과 그 상대가 대표하고 있는 집단, 즉 회사나 식당 등의 잘못을 구분 지어서 규정할 필요도 있다. 상대가 잘못하지 않은 부분을 이야기하는 것은 감정싸움으로 번질 수 있을 뿐 아니라 때로는 본인한테 불리하게 작용할 수도 있기 때문이다. 그러므로 상대와 내가 동의할수 있는 상대의 잘못을 명확히 할 필요가 있다. 때로는 책임 소재를 따졌을 때 내 잘못이 월등히 클 수도 있다. 그럴 때는 컴플레인을 하지 않는 것도 좋은 선택지이다. 결과적으로 아무것도 얻을 것이 없다면 뭐 하러 힘을 빼겠는가.

컴플레인의 목적과 상대와 나의 잘못이 명확해졌다면 이제 본격적으로 컴플레인을 할 차례이다. 이른바 컴플레인 테크닉의 ABC를 짚어 본다.

첫째, 가장 중요한 부분이다. 냉정과 예의를 잃어서는 안된다. 컴플레인이라는 것은 무엇을 얻기 위한 일종의 설득 행위이다. 누군가를 설득할 때 흥분한다든지 예의를 잃고 얘기한다든지 하는 것은 바보 같은 짓이다. 물론 때로 분위기를 격앙시켜 상대의 이성적인 판단을 막기 위해 일부러 상대를 흥분시키는 전략을 쓰기도 하지만 그것은 아주 예외적인 경우이고 대부분의 경우 냉정과 예의를 지키는 것이 설득에 훨씬 유리하다. 어쨌든 뭔가를 상대방으로부터 얻고자 하는 것인데 상대 기분을 나쁘게 해서 좋은 결과를 얻을 리 없다. 상대를 협박해서 뭔가를 얻고자 하는 것이 아니라면 냉정과 예의는 필수이다.

둘째, 무슨 말을 해야 할지 미리 머릿속으로 정리하고 이야기

공감 능력이 지배하는 세상에 대비하라

하는 것이 좋다. 정리된 메시지와 그냥 떠오르는 대로 내뱉는 말은 그 설득력도, 힘도, 효율성도 천양지차일 수밖에 없다. 그러므로 내가 하고자 하는 메시지를 미리 간추려야 한다.

셋째, 말은 짧은 것이 유리하다. 잔소리도 마찬가지지만 컴플레인도 짧고 명확한 것이 좋다. 말이 길어지면 상대의 짜증만 불러일으킬 뿐, 설득에는 전혀 도움이 되지 않는다. 짧고 명확한, 정리된 컴플레인이야말로 상대를 꼼짝 못 하게 만드는 힘이 있다.

넷째, '내가 저 사람이라면…' 하고 그 사람의 입장이 돼서 한 번쯤 생각해 보는 것이 좋겠다. 내가 상대라면 어떤 정도의 컴플레인을 들었을 때 적절할 것인가를 생각해 보고 딱 그만큼만 하는 것이 좋다. 마조히스트(피학성애자)가 아닌 다음에야 지나친 컴플레인을 듣고 싶은 사람은 없을 테니, 자기가 들어서 감당할 정도의 컴플레인이 적절하다고 본다. 역시 싸우자고 하는 것이 아니니까 말이다.

마지막으로 얼굴에 약간의 미소를 띤 컴플레인이 현명하다. 어차피 뭔가를 얻고자 함이라면 약간의 미소가 훨씬 정중하고 격조 있어 보인다. 너무 화가 나서 미칠 것 같은 상황이 아니라면 '미소 띤 컴플레인'이 자신의 이미지를 훼손하지 않으면서도 설득을 끌어내는 상당히 유용한 테크닉이다. 의심이 간다면 한번 해 보시라고 강력히 권한다.

승호 여기요, 잠깐 와보실래요?

종업원 네. 뭐 필요한 거 있으세요?

승호 코스 요리를 주문했는데요, 요리 간 간격이 너무 기네요. 한번

체크해 주시겠어요?

종업원 죄송합니다. 바로 확인 해보겠습니다.

(잠시 후) 손님, 죄송합니다. 주문이 갑자기 밀려서 지연되고 있

습니다. 금방 가져다드리겠습니다.

승호 이모님 책임은 아니지만 식사 흐름이란 게 있으니까 부탁 좀 드

립니다.

종업원 이해해 주셔서 감사합니다. 최대한 빨리 맞춰보겠습니다.

승호 감사합니다.

종업원 (음식이 나온 후) 오늘 음식이 지연돼서 너무나 죄송합니다.

승호 괜찮습니다. 이모님 잘못도 아닌데요… 죄송한데요, 혹시 아기

용으로 자장면 조금만 서비스로 주실 수 있을까요?

종업원 아, 제가 주방에 요청해 보겠습니다.

승호 감사합니다.

종업원 (잠시 후) 죄송하기도 하고 해서 아기 자장면이랑 군만두도 서비

스로 좀 가지고 왔습니다.

승호 아이고, 감사합니다!

대부분의 경우 이렇게 냉정하고도 정중한 컴플레인은 힘이 있

공감 능력이 지배하는 세상에 대비하라

다. 홍분해서 예의 없게 내뱉는 컴플레인은 상대의 화만 돋울 뿐, 정작 얻고자 하는 목적 측면에서는 성과가 작을 가능성이 크다. 다만 모든 컴플레인이 이렇게 순조롭게 흐르지는 않을 것이다. 때로는 컴플레인이 받아들여지지 않는 경우도 있다.

현호   제가 사흘 전 이 이어폰을 구매했는데요, 사흘 만에 아무 이유
도 없이 작동이 되질 않네요?

종업원   네? 아니 그런 경우가 없는데⋯ 혹시 떨어뜨리신 거 아닌가요?

현호   아니요, 떨어뜨린 적도 없었고 물리적인 충격이 가해진 것도
전혀 없었어요.

종업원   죄송한데요, 이거 교환 환불이 안 되는 제품이거든요.

현호   네? 그게 말이 되나요? 뭐 이런 가게가 다 있어?

현호 씨, 잠깐! 컴플레인이 받아들여 지지 않아도 홍분은 금물! 냉정과 예의를 지키세요! 자, 다시 해봅시다.

종업원   죄송한데요, 이거 교환 환불이 안 되는 제품이거든요.

현호   네? (냉정을 잃지 않고) 그렇다면 제가 어떻게 해야 할까요?

종업원   이거 본사 서비스센터로 가셔서 문의해 보셔야 할 것 같네요.

현호   (은은한 미소를 띠고) 죄송하지만, 선생님 직책과 성함을 좀 여쭤봐
도 될까요?

종업원　아… 강동센터 안해수 과장입니다.

현호　혹시 센터장님 혹은 매니저님과 얘기를 좀 할 수 있을까요?

종업원　(약간 의기소침) 네… 잠시만요.

매니저　네. 고객님. 제품에 문제가 있으셨다구요?

현호　네. 이 이어폰이 사흘 만에 고장이 났는데 안해수 과장님이 본 사 서비스센터로 가라고 하셔서요. 아무런 물리적 충격이 없었 는데 제품이 고장이 났다면 판매점 차원에서 해결을 해주셔야 하는 게 아닐까요?

매니저　죄송합니다. 바로 교환을 해드리면 좋겠는데 회사 방침도 있으 니, 저희가 서비스센터로 보내서 원인을 규명한 후에 수리 혹 은 교환 조치를 해드리겠습니다. 번거로우시겠지만 며칠 뒤 다 시 한번 방문해 주실 수 있을까요?

현호　네, 알겠습니다. 그렇게 하죠.

매니저　감사합니다. 최대한 빨리 조치하겠습니다.

현호　네. 고맙습니다.

컴플레인이 바로 받아들여지지 않을 경우에도 흥분해서는 안 된다. '이게 말이 되냐', '뭐가 이따위야', '당신 이름이 뭐야' 등의 예의 없는 반응은 일을 더 악화시킬 따름이다. 이럴 때도 냉정을 잃지 말고 전략적으로 접근하는 것이 현명하다.

우선은 '그렇다면 제가 어떻게 하면 되나요?', '무엇을 하면 되나요?' 등으로 되묻고 상대가 대안을 제시할 기회를 한 번 정도 주면 좋겠다. 그랬는데도 만족할 만한 답변이 나오지 않는다면 그때도 역시 예의는 지키면서 상대의 직책과 이름 등을 묻는다든지 책임자를 호출한다든지 하는 방법을 활용하는 것이 효과적일 수 있다. 여기서도 해결이 안 되면? 그때는 경찰을 부르든지 법대로 하든지 해야 하지 않을까? 그 상황까지는 가지 않기를 바란다!

컴플레인. 나의 경우 웬만하면 피하는 행위이다. 대부분의 경우 해봐야 별로 얻는 것도 없고 자칫 갈등으로 이어질 수도 있기 때문이다. 특히 식당이라면 그냥 다음에 다시 안 오면 그만이다. 대안이 없을 정도로 너무 맛있는 식당이라면? 그래서 다음에도 또 오고 싶은 마음이라면? 그렇다면 계산하면서 이런 점은 개선되면 좋겠다 정도로 한마디 하고 향후 개선되기를 기원하는 정도. 하지만 그런 나에게도 컴플레인이란 것은 때로는 피할 수 없는 행위이다. 하기 싫은 행위인데 때로는 해야만 하는 행위이니, 이처럼 꽤 길게 그 근본과 요령을 따지고 들어봤다. 나와 비슷하게 컴플레인을 꼭 필요할 때만 구사하는 분들에게 도움이 되었기를 바라며!

억울함 토로하기

　보통의 우리나라 사람들이 가장 견디기 어려워하는 분노가 치미는 상황은 뭘까? 본인이나 자녀가 직장이나 학교에서 왕따를 당하는 것? 특정인으로부터 지속적으로 비난을 당하거나 욕을 먹는 것? 경제적으로 혹은 연봉에서 남들보다 뒤처지는 것? 일본과의 축구 경기에서 지는 것? 우리나라 사람이라면 어느 것 하나 뒤처짐 없이 '상당히 열받는' 상황들이다. 그런데 여기에 또 하나의 후보를 추가한다면 많은 사람들이 이것을 최고로 꼽을 것 같다. 그것은 바로 누명을 써서 '억울한 상황'이다.

　어떤 이유가 됐든 억울한 상황이 생기면 많은 사람들이 견디기 힘들어한다. 심지어 어떤 사람들은 억울하다는 이유로 생명을 던지기까지 하니, 억울하다는 것이 정말 이만저만 괴로운 일이 아닌가 보다 싶다. 억울하게 살아남을 바에야 목숨을 버려서라도 본인의 억울함을 풀어보겠다는 생각 아닌가. 그럴 가치가 있느냐의 논쟁이 있겠지만 어쨌든 그만큼 억울하다는 것이 대단히 화가 나는 상황임은 분명한 듯하다.

사람들이 억울한 상황에 부닥쳤을 때 왜 그토록 괴로워하는 것일까? 아마도 그건 인간이 자신의 잘못을 인정하지 않으려 하는 속성과 연결이 돼 있는 것 같다. 뒤에 '지적질의 전략, 충고의 테크닉'에서도 이야기하겠지만 대부분의 인간은, 심지어 감옥에 갇힌 죄수도 자신의 잘못을 인정하려 하지 않는다. 실제 잘못을 했어도 인정하지 않으려고 하는데 오해나 모함으로 죄를 뒤집어쓰게 됐다면? 그렇게 보면 억울한 상황에 부닥친 사람들이 심지어 목숨을 던질 정도로 분노를 표출하는 이유를 이해할 수도 있을 것 같다.

자, 중요한 것은 이제 이 억울함을 어떻게 푸느냐이다. 전래동화에 나오는 것처럼 억울함에 한이 맺힌 원귀가 돼서 풀 수는 없는 노릇이고… 이런 상황에 부닥쳐봤으면 동의하겠지만 이런 상황을 해결하는 것이 쉽지 않다. 억울할 때 그것이 한이 되지 않도록 토로하는 것. 그 방법과 요령에 대해서 함께 얘기해 보자.

은지 지난주 새로 산 플레어스커트 어디 갔지? 은영이 니 짓이지? 어쨌어?

은영 언니, 나 아니거든. 난 안 건드렸어!

은지 요 계집애야, 그렇게 말하면 내가 속을 줄 알아? 지난번에 새로 산 가방도 네가 안 가져갔다고 우겨댔지만 결국은 네가 범인이었 잖아!

은영 그 일은 몇 번이나 미안하다고 했잖아. 근데 이번에는 정말 내가 안 가져갔어! 난 이번 주 감기 땜에 집에만 있었다구! 못 믿겠으면 내 방 옷장 뒤져봐!!

은지 (잠깐 주춤한다) 그렇게 얘기하면 내가 안 뒤져볼 줄 알았어?

(잠시 후) 도대체 어디다 숨긴 거야? 빨리 안 내놔?

은영 정말 미치겠네. 언니! 나 진짜 목숨 걸고 안 가져갔다고!

은지 그렇게 과장해서 얘기해도 소용없어. 넌 이미 양치기 소녀라고.

은영 속을 까뒤집어 증명할 수도 없고… 그러면 어쩌라고? 내가 아니 라고! 좀 믿어라!

은지 그러게 평상시 거짓말을 작작 해야지. 넌 콩으로 메주를 쑨다고 해도 못 믿겠어.

은영 니 맘대로 해! 내가 도둑년이냐?

은지 이게 언니한테 버릇없이. 혼날래?

은영 억울하니까 그렇지! 엉엉…

은지 연기하지 마! 빨리 내놓으라고!

은영 앞으로 내가 너를 언니라고 부르나 봐!

은지 뭐야? 이게~

공감 능력이 지배하는 세상에 대비하라

실제 상황이라면 은영이 진짜 은지의 옷을 가져갔는지 알 수 없겠지만, 여기서 은영은 실제 억울한 상황이라고 가정하자. 아무리 억울하다고 외쳐대도 은지는 믿어주지 않고 있다. 어떻게 억울함을 토로해야 은지가 믿어주는 걸까? 과연 '양지기 소녀' 은영이가 자신의 억울함을 풀 방법이 있을까?

은영이 자신의 억울함을 풀기 위해서 쓴 전략은 '강하게 어필하기'이다. 그러나 이 상황에서 그 전략은 전혀 먹히질 않았다. 이유가 뭘까? 억울함을 토로하는 대상이 이 전략이 통할 만한 사람이 아니었기 때문이다. 억울함을 토로할 때 가장 중요한 포인트가 하나 있다. 그것은 '타겟에 따라서 전략을 달리해야 한다'는 것이다.

타겟을 나누는 척도는 여러 가지가 있겠지만 억울함을 토로할 때 가장 중요한 구분 척도는 지지자냐, 반대자냐 이다. 즉, 날 지지하고 믿어줄 자세가 돼 있는 사람과, 무슨 말을 해도 절대 믿지 않을 사람에게 이야기할 때 상당히 다른 전략을 써야 한다는 얘기다. 사실 '강하게 어필하기'는 지지자 혹은 중립에 있는 사람에게 통할 만한 전략이다. 반대자에게는 오히려 반감을 살 위험이 있다.

강하게 어필하는 방법으로 사람들이 흔히 쓰는 것이 맹세하기, 이름이나 목숨, 재산 걸기 등이 있다. 자주 쓰지는 않지만 대성통곡하기, 발 동동 구르기 등 과격한 액션을 취하는 방법이 있고 비이성적이거나 막말에 가까운 단어를 구사하는 등 흥분된 모습을 보여주는 방법도 있다. 어떤 식으로든 내가 억울해서 이성을 잃을 정도임을 상대에게 강하게 어필하는 것이다. 보통 지지자나 중립에 있는 사람들은 이런 전략에 설득되는 경우가 많다. 특히 지지자는 믿어주고자 하는 마음이 베이스에 깔려 있으니 100% 넘어가게 될 것이다.

그러나 이러한 방법이 반대자에게는 먹히기 어렵다. '너를 믿지 않을 거야'라는 생각이 밑바닥에 깔린 상태에서는 그런 강한 어필 혹은 과장된 행동이 연기로밖에 보이지 않기 때문이다. 마술을 관람할 때 열어놓고 즐기고자 하는 사람과 어떤 식으로 트릭을 구사하나, 밝혀보겠다고 눈에 '쌍심지'를 켜고 지켜보는 사람 간에 느끼는 감흥이 완전히 달라지는 원리와도 비슷하다고 볼 수 있겠다. 연기라고 생각하고 보면 아무리 완벽한 연기라 해도 그냥 연기로만 보이는 법이다.

그렇다면 반대자에게는 어떤 전략을 써야 내 억울함이 '호소될 수' 있을까? 우선 가장 중요한 것은 냉정함을 찾는 것이다. 사람을 설득할 때 가장 중요한 것은 차분하고 이성적인 태도이다. 억울함을 호소하는 것도 결국은 일종의 설득 행위이므로 냉정함을 견지할 필요가 있다. 특히 나를 잔뜩 의심하고 있는 사람을 대할 때라면 더욱더 그래야 할 것이다. 냉정함을 찾았다면 우선

공감 능력이 지배하는 세상에 대비하라

상황 파악을 해야 한다. 내가 왜 이런 억울한 상황에 부닥치게 됐으며 상대는 왜 나를 의심하고 있는 것인지… 그리고 어떤 포인트로 나를 변호할 수 있는 것인지… 이른바 '팩트파인딩 & 솔루션 찾기' 단계인 것이다.

'팩트파인딩 & 솔루션 찾기' 단계에서는 지금 상황을 최대한 객관화해서 바라보는 것이 중요하다. 상대의 입장에서도 바라보고 제3자의 입장에서도 현 상황을 분석해 볼 필요가 있다. 그러면서 상대가 반박할 수 없는 포인트를 집어내는 것이다. 앞의 예라면 은영이 감기에 심하게 걸려서 일주일간 사람을 만나지 않았다는 사실이 그런 것이다. 만약 반박할 수 없는 포인트가 아무리 찾아도 없다면 적어도 상대가 동의할 내용이라도 찾아야 한다. 은영이 평소에 플레어스커트 스타일을 안 입는다든지, 은지가 새로 산 스커트 색상이 은영이 좋아하지 않는 색상이라든지…

팩트파인딩 및 솔루션 찾기가 끝났다면 이제 상대에게 전달할 메시지를 만들고 표현 방식을 정해야 한다. 우선 메시지는 앞 과정에서 찾은 반박할 수 없는 내용을 최대한 활용하면 된다. 그리고 상대가 동의할 만한 내용을 보조로 붙이는 게 좋다. 동의할 만한 내용 다음에 반박할 수 없는 내용을 말하는 식으로 순서가 바뀌어도 상관없지만 더 강한 것을 먼저 얘기하고 동의할 만한 내용을 넣어서 상대에게 퇴로를 열어주는 것이 좀 더 현명하다. 반박할 수 없는 내용을 나중에 넣어서 상대를 무안하게 만들고 끝내려 할 경우, 상대가 사실과 상관없이 자존심 때문에 억지를 부릴 수도 있기 때문이다.

메시지를 정할 때 유의해야 할 점은 상대가 반박할 만한 내용은 말하고 싶어도 덧붙여선 안 된다는 것이다. 메시지의 일부가 상대의 반박에 직면하면 메시지 전체가 부인될 위험이 있기 때문이다. 앞의 대화 상황에서 은영이가 "게다가 나도 용돈이 충분하다. 언니 옷을 굳이 훔쳐 입을 필요가 없다."라는 식의 말을 덧붙인다고 치자. 그런 메시지는 "돈이 아무리 많아도 남의 옷이 탐이 날 수 있다."라는 반박에 부딪히게 된다. 그런 반박은 결론적으로 전체 메시지 부인으로 이어질 가능성이 높다. 다들 알다시피 인간의 대화는 합리적으로 진행되지 않는 경우가 부지기수니까.

앞에서 은영은 결정적인 포인트를 찾아 놓고도 표현을 잘못해서 상대를 제대로 설득하지 못했다. 메시지를 만드는 것과 더불어 표현하는 방식이 중요하다는 증거이다. 반대자에게 표현할 때는 최대한 냉정하고 절제되게 표현하든가, 동정심이나 측은지심을 유발하든가 두 가지 중 한 가지 방식을 취해야 한다. 냉정하고 절제된 표현은 상대로 하여금 상황을 객관적으로 바라보도록 만든다. 혹시 자신이 잘못 생각했거나 오해한 것은 아닌지 돌아보게 하는 것이다. 반면 동정심이나 측은지심을 유발하는 표현은 혹시라도 상대를 억울하게 만들지 않았을까 혹은 내가 너무 심했나 하는 죄책감을 불러일으킨다. 어떤 쪽이든 두 가지 표현 방식 모두 반대자 역시 최소한 인간이라는 점에 기대는 전략이다. 반대해도 인간인 이상, 사고하는 메커니즘은 정해진 틀 내에서 움직일 테니까…

그런데 반박할 수 없는 포인트도 없고 동의를 얻을 만한 내용도 없다면? 그때는 '강하게 어필하기'와 비슷해 보이지만, 다른 방식인 '적반하장'의 표현이 있을 수 있다. 상대에게 욕설을 퍼붓는다든지 누명을 씌운 것을 강하게 비난한다든지 하는 식으로, 만약 오해가 아니라면 적반하장일 법한 태도를 보이는 것이다. 앞에서 언급했던 '강하게 어필하기'가 상대의 동의를 구하기 위한 수단이라면 '적반하장'은 상대를 당황하게 만드는 방법이다. 상대를 당황하게 만들어 순간적으로 이성적인 기능을 마비시키고 기세를 잡는 것이다.

이외에 '직접 확인하라', '찾아보라'라는 식으로 '당당하게 행동하기' 방식도 때로는 유용하게 작용할 수 있다. 상대가 너무 뻔뻔하고 당당하면 본인이 오해했을 수도 있다고 생각하게 마련이니까. 그러나 적반하장의 표현과 당당하게 행동하기 방식은 때로는 역효과가 날 수도 있는 극약처방의 방식이다. 안 먹힐 경우 그다음에는 백약이 무효가 될 가능성이 높다. 진퇴양난의 상황에

나 구사할 만한 미봉책이다.

때로는 온갖 수를 다 썼음에도 어떤 방법도 통하지 않는 경우
도 있다. 상대가 고집불통이든지 아니면 내가 너무 깊은 오해의
함정에 빠져 있다든지… 그럴 때 남은 유일한 방법은 제3자의 판
단에 호소하는 수밖에 없다. 법에 호소하든지 가정 내의 일이라
면 엄마의 판단을 받든지…

은지 지난주 새로 산 플레어스커트 어디 갔지? 은영이 니 짓이지? 어
쨌어?

은영 언니, 나 이번 주 감기 땜에 집에만 있었던 거 몰라? 나 어디 나가
는 거 봤어?

은지 그렇긴 한데…

은영 게다가 내가 언제 플레어스커트 입는 거 봤어? 그건 언니 스타일
이잖아. 색상도 핑크 계열은 내가 절대 안 입는 색상이고…

은지 그렇긴 하네. 그럼, 스커트가 어디로 간 거지?

은영 엄마한테 물어봐. 엄마가 알겠지.

은지 그래야겠다. 오해해서 미안.

억울함을 토로해서 상대에게 동의하게 만드는 것은 간단한 일
이 아니다. 아니, 아주아주 어려운 일이다. 위 예처럼 깔끔하게 정

리가 되면 좋겠지만 대부분의 경우 좋은 결과를 얻기가 어렵다. 그래서 때로는 호소를 통해 반드시 얻어야 할 부분과 희생해야 할 부분을 정해야 하는 경우도 있다. '육참골단', 즉, 살을 내주고 뼈를 취하는 전략을 택해야 하는 때가 있는 것이다. 자칫 나 얻 겠다고, 다 회복하겠다고 고집을 피우다가는 아무것도 얻지 못하 고 억울함만 더 커지는 최악의 상황에 부닥칠 수도 있다.

경철   뭐라구요? 살인을 인정하라구요? 전 안 죽였다구요!

변호사   이게 최선입니다. 지금 임경철 님은 정황적으로 빠져나갈 방법
이 없어요. 당시 집안에 두 분밖에 없었고 두 분이 크게 다투는
소리가 이웃에 들린 데다가 보험 수혜 등 객관적 살인 동기도
있고 심지어 아내분 옷에 경철 님 지문까지 있었으니, 어떻게
빠져나갈 방법이 없습니다.

경철   아! 미치겠네. 그날 좀 다툰 건 사실이지만 방에서 자다가 나왔
는데 마누라가 땅바닥에 누워 있길래 깨우려고 몸을 흔든 것
밖에 없다구요!

변호사   네. 저는 믿지요. 부인 분께서 혼자 미끄러져서 사망하셨을 거
라고 봅니다. 그런데 이를 입증할 방법이 없어요. 인정하지 않
으면 고의로 살인한 것으로 결론 날 가능성이 큽니다. 그것보
다는 인정하고 형량을 줄이는 것이 현명합니다. 다툼 중 몸 실
랑이가 있었는데 아내 분이 미끄러지셨다고 말씀하시는 게 최

선일 것 같습니다. 그렇게 되면 고의성이 없는 과실치사가 돼서 형을 줄일 수 있어요. 몸에 다른 물리적 상흔은 없으니 받아들여질 겁니다.

경철　아! 정말 미치겠네. 짓지도 않은 죄를 인정해야 한다구요?

변호사　죄송합니다…

아마도 실제로 이런 누명을 쓰게 된 사람들도 적지 않을 것으로 생각한다. 이 사례에서 경철은 정황 증거, 살인 동기로 이런 누명을 쓰게 된 것이다. 심지어 피해자 몸에 지문까지 남아 있다면 이건 빠져나가기가 쉽지 않아 보인다. 세상에 수없이 많은 사람과 수없이 많은 사건이 존재하니, 그중에 억울한 경우가 없을 것으로 생각하는 것이 더 비현실적이지 않을까?

하여간 많은 경우, 검사와 변호사는 형량을 가지고 '거래'를 한다. 억울한 입장에서 생각하면 미치고 환장할 노릇이지만 신이 아니고서야 실제 어떤 일이 있었는지 진실을 100% 알 수 있는 방법이 없으니, 그 일이 있을 '확률'을 가지고 거래하는 것이다. 만약 정황 증거에 살인 동기, 심지어 물리적 증거까지 있다면 실제 살인이 벌어졌을 확률이 매우 크다고 봐야 할 것이다. 이런 경우 당연히 검사 쪽이 유리해진다. 그러므로 피고 측 변호사는 유죄를 인정하고 대신 형량을 줄이는 방식을 모색한다. 증거상 범행 확률이 적다면 당연히 무죄를 받아내기 위해 최선을 다할 것이다.

극단적인 억울함의 케이스이기 때문에 공감이 적을 수 있다. 일상에서 쉽게 마주치는 경우는 아니니까. 그런데 의외로 우리 일상에서도 이렇게 빠져나갈 수 없게 억울한 케이스들이 얼마든지 있을 수 있다. 방 청소를 했는데 그 방에 있던 귀중품이 사라졌다든지, 체육 시간에 교실에 혼자 남아 있었는데 학우 중 누군가의 돈이 없어졌다고 해서 의심을 받게 됐다든지, 사소한 잘못을 저질렀는데 그와 연관된 일까지 내가 한 것으로 오해받는다든지… 억울함을 풀고 무혐의를 입증하기가 어려운 상황들이 의외로 많이 있을 수 있다.

이런 경우 앞에서 이야기 한 대로 '팩트파인딩 & 솔루션 찾기'를 통해 본인의 억울함을 풀 방법을 찾아봐야겠지만, 어떻게 해도 실마리를 찾지 못할 경우가 있다. 그럴 때는 어쩔 수 없다. 무언가를 희생할 수밖에… 귀중품이나 돈이 없어졌다면 도둑으로 몰리는 것보다 차라리 경찰에 신고를 하라. 경찰 조사를 받는 수고를 자처하는 것이다. 그것이 도둑으로 오해받고 두고두고 주변 사람들로부터 의심받는 것보다는 나을 수 있다. 사소한 잘못 때문에 그와 연관된 일까지 범인으로 몰렸다면 다 부인하는 것보다는 사소한 잘못은 인정하는 것이 나을 수 있다. 나중에 사소한 잘못을 내가 저질렀다는 것이 밝혀지면 전체 문제의 범인으로 확정될 가능성이 커지기 때문이다.

이처럼 때로는 억울하더라도 그 억울함을 최소화해야 하는 상황이 있을 수 있다. 얼핏 듣기에 말이 좀 이상하지만 '억울함을 최소화한다'라는 것이 하나의 전략이 될 수 있는 것이다. 법정 다툼이라면 형량을 최소화하는 것이요, 일상에서도 최소한 '나쁜 놈'이나 '파렴치한 놈'으로 몰리는 것만은 막자는 정도의 느낌이겠다.

준성 　미치겠다. 어제 지윤 씨랑 그냥 집이 같은 방향이라 함께 귀가한 것뿐인데… 와이프가 난리야. 난 정말 그 여자랑 아무 관계도 아닌데…

영진 　왜? 제수씨가 안 믿어?

준성 　안 믿는 정도가 아니야. 내가 그 여자랑 사귀는 사이라고 단정 짓고 울고불고 이혼한다고 소리치고 난리야.

영진 　아이고…

준성 　나 억울해서 미칠 지경이야. 심지어 어머니 이름 걸고 맹세한다고 해도 안 믿네…

영진 　아니, 어쩌다 그렇게까지 불신이 쌓인 거야? 제수씨가 의부증이 있나?

준성 　사실… 예전에 바람피우다 걸린 적이 있거든…

영진 　아이고, 못 믿는데 이유가 있었네. 오해할 만하다!

억울한 사람에게 건네기 어려운 조언이긴 한데, 사실 억울함이 느껴질 때 가장 먼저 해야 하는 것이 있다. 일단 격앙된 감정을 가라앉히고 자신의 책임을 돌아보는 것이다. 상대가 왜 이렇게 나를 믿지 못하는 건지, 이런 억울한 상황에 처해진 것에 내 책임은 없는지 등을 돌아보는 것이다. 예외적인 몇몇 상황을 제외하고 대부분의 억울함에는 과거에 연관된 무언가 이유가 있게 마련이다. 나의 과거 잘못이 이유인 경우도 있고 내가 던진 말이 부메랑처럼 나에게 돌아온 경우도 있을 수 있다. 어찌 되었든 이 억울한 상황에서 내 책임이 무엇이고 얼마만큼의 내 잘못이 있는지를 따져보는 것이 상당히 중요하다. 일종의 자기반성을 하는 것이다. 많은 경우 자기반성만으로 상당 부분의 억울함이 풀리게 된다. 내 잘못을 깨달음으로써 못 믿는 상대를 용서하게 되는 것이랄까?

물론, 매우 어려운 얘기이다. 이 정도를 할 수 있을 정도면 굉장히 성숙한 사람일 것이고 자기 수양의 깊이가 상당한 사람이라고 할 것이다. 그럼에도 억울하다는 것은 어찌 되었건 자기 방어 기제가 작동한 감정이다. 따라서 짓지 않은 범죄에 범인으로 몰리는 등의 상황이 아니라면 자신을 다스리는 것만으로도 어느 정도는 누그러뜨릴 수 있는 감정이라는 말이다. 그러므로 억울한 감정이 솟아오른다면 일단은 자기 내부에서 할 수 있는 만큼 상당 부분을 해결한 다음, 외부에 취할 행동과 말을 고민하는 것이 현명한 프로세스이다.

　나도 그렇고 독자 여러분들도 그렇고 억울한 상황에 빠지지 않는 것이 최선이다. 그러나 내 맘대로만 살 수 없는 것이 사람의 인생이니, 우리가 언제 어떻게 이런 상황에 부닥쳐질지 알 수 없는 노릇이다. 그런 경우를 대비해서 여기에 쓰인 내용 정도는 미리 습득하고 있다면 훨씬 수월하게 위기를 극복할 수 있지 않을까? 삶의 평안이란, 힘들고 어려운 일이 전혀 없는 상황이 아니라, 난관을 맞더라도 담대할 수 있는 마음가짐을 말하는 것이니까 말이다.

4장

직장과 일터에서
지혜롭게

칭찬과 아부 사이:
사회생활 초년생들, 혹은 칭찬에 약한 분들을 위한 글

'칭찬은 고래도 춤추게 한다'라는 말이 있다. 정말 그럴까? 되는대로 칭찬만 하면 상대가 기뻐한다는 말일까? 사실 제대로 칭찬을 하는 것은 고도의 테크닉을 필요로 하는 일이다. 그러므로 무조건 칭찬을 한다고 긍정적인 결과로 이어지지는 않는 법이다. 윗사람이 아랫사람에게 하는 것은 그나마 쉬운 편이다. 솔직하게 칭찬하면 되고 혹시 아랫사람이 그 칭찬이 맘에 들지 않는다 해도 욕을 먹지는 않을 테니까. 그러나 아랫사람이 윗사람을 칭찬하는 것은 정말 쉽지 않다. 특히나 무뚝뚝하거나 시니컬한 선배라면 더욱 그렇다.

무송 선배님, 오늘 정말 멋지십니다. 옷이랑 구두를 정말 잘 매치하셨네요.

민철 아, 그래? 고마워.

무송 평상시 패션 감각이 워낙 뛰어나시니 부럽습니다.

민철 내가? 허허, 농담도 잘한다.

무송 아닙니다. 진짜 그러세요. 업무 스타일부터 패션까지 참 깔끔하세요.

민철 뭐 부탁할 거 있냐? 아부 좀 그만해라. 일이나 해.

무송이 민철에게 하는 칭찬의 감정이 진짜인지는 확인할 방법이 없다. 그러나 민철은 이를 칭찬보다는 아부로 받아들이고 있다. 왜일까? 더 자세히 살펴보기 전에 우선 칭찬의 ABC에 대해 살펴보자.

칭찬할 때 가장 기본적인 것은 진심에서 우러나오는 칭찬의 포인트를 발견하는 것이다. 화자가 스스로 진심으로 느끼지 못하는 것을 칭찬으로 실행할 경우, 정말 대단한 연기자가 아니고서는 상대가 진짜 칭찬으로 느끼게 만드는 것은 불가능하다. 그런 식으로는 백날 칭찬 해봐야 그냥 아부가 되고 말 것이다.

또한 상대가 공감할 수 있는 내용을 칭찬의 포인트로 삼아야 한다. 청자가 전혀 공감할 수 없는 내용에 대해 칭찬한다면 그것 역시 아부로 들릴 것이다. 객관적으로 인정할 만한 부분을 칭찬 해야 한다는 얘기이다. 평상시 스스로 패션 감각이 부족하다고 느끼고 있는데 패션 감각이 훌륭하다고 칭찬한다면, 그것을 칭찬으로 받아들일 수 있을까? 외모가 콤플렉스인 사람에게 잘생겼다고 칭찬하면 오히려 조롱하는 것으로 받아들이지 않을까?

반면 너무 당연한 것을 칭찬하는 것도 칭찬으로 느껴지지 않을 수 있다. 프로 가수한테 노래를 참 잘한다고 칭찬하면 과연 칭찬으로 받아들일까? 겉으로야 고맙다고 말할지라도 속으로는 그냥 아무 감정 없이 지나쳐 버릴 것이다. 어떤 사안을 당연하게 받아들이느냐 여부는 주관적인 부분이라 상대가 어떻게 생각하고 있는지 판별하기 어려울 수도 있다. 그래도 한 번 생각해 보고 말하는 것과 그냥 생각 없이 던지는 것에는 큰 차이가 있을 거다. 하여튼 너무 당연해 보이는 포인트는 특별한 경우를 제외하고는 칭찬으로 받아들이기 어렵다.

이제 앞에서 언급한 칭찬의 ABC를 넘어서 '업그레이드된' 칭찬의 기술을 살펴볼 차례이다. 첫 번째 노하우는, '칭찬은 한 번에 한 가지만'이다. 동시에 여러 가지를 칭찬하면 자칫 아부로 느껴지기 쉽다. 물론 때로는 "너는 너무 완벽하다. 공부도 잘하고 운동도 잘하고 성격도 좋고 잘생기기까지…" 이런 식의 칭찬이 성립하기도 한다. 이 경우는 "완벽하다"라는 하나의 포인트로 칭찬하는 것이다. 따라서 이것도 한 가지만 칭찬한 것이라고 볼 수 있다. 반면, 패션 감각이 좋은데 일도 잘한다…식의 맥락 없는 멀

티 칭찬은 칭찬이 아니라 아부로 느껴진다. 앞의 무송의 칭찬이 이런 경우이다. 칭찬하고 싶은 내용이 여러 가지라면 일단은 가장 돋보이는 내용을 칭찬하자. 상대를 칭찬하고자 하는 마음이 넘친다면 시간적 간격을 두고 하는 것이 적절하다.

두 번째 노하우는, '상대가 칭찬받고 인정받고 싶어 하는 포인트를 칭찬하는 것'이다. 최근에 자신의 외모를 업그레이드하고자 노력하는 사람에게 패션 감각을 칭찬하는 것은 상대를 매우 기쁘게 하는 칭찬이 될 것이다. 성적을 올리기 위해 노력하는 학생에게 "너의 노력이 빛을 발해 성적이 올랐다"라고 칭찬하는 것 역시 멋진 칭찬이다. 이는 상대가 갈구하고 있는 욕구를 채워주는 행위이므로 단순히 칭찬을 넘어 상대방에게 욕구 충족의 효과도 있는 것이다.

마지막 노하우는, 나름 내가 가지고 있는 칭찬의 비기이다. '의외의 포인트'를 칭찬할 수 있으면 이른바 '칭찬의 대가'라고 할 수 있을 것이다. 아까는 상대가 공감하는 포인트를 찾아야 한다고 해놓고 이제는 의외의 포인트라니? 일종의 시간차 공격이다. 첫 느낌에는 의외이지만 좀 더 생각해 보면 공감이 가는, 그래서 상대를 더 기분 좋게 만들 수 있는 스킬인 것이다. 예를 들어 얼굴은 못생겼더라도 특정 부위는 예쁜 사람이 있다. 대부분의 사람이 잘 관찰하면 한두 군데는 잘생긴 법이다. 그 잘생긴 부분을 칭찬하면 처음에는 '잘생겼다'는 말에 움찔하겠지만 이내 만족하며 좋아할 것이다. 자신은 특정 부위가 괜찮다는 걸 알기 때문이다. 성적이 전체적으로 낮지만 수학 성적은 중간 이상이라고 하자. 이 경우 "넌 수학을 꽤 잘하는구나"라고 칭찬하면 이 역시 의외의 칭찬 포인트가 된다. 이 같은 '의외의 포인트'를 발견하는 것은 생각보다 어렵지 않다. 상대를 면밀히 관찰하면 알게 된다. 전반적으로 업무 능력이 떨어지는 후배가 있다고 가정해 보자. 그렇다 하더라도 자세히 관찰하면 남들보다 약간이라도 뛰어난 측면이 있을 수 있다. 아니, 내 경험에 의하면 대부분의 사람이 남보다 발달한 능력을 한두 가지는 가지고 있다. 그런 부분들을 '콕' 집어서 칭찬하면 이것이 '의외의 칭찬'이 된다. 평소 스스로 업무 능력이 떨어진다고 생각했으니, 상사가 일에 대해서 칭찬하면 첫 느낌은 의아할 수 있지만 이내 '아, 그 부분은 내가 조금 자신 있는 편이지'하고 공감하게 된다면 정말 기분 좋은 칭찬이 되는 것이다.

무송 선배님, 혹시 유튜브라도 보시면서 공부하시는 거예요? 요즘 패션 감각이 날이 갈수록 달라진다 싶더니 오늘 정말 멋지십니다. 옷이랑 구두를 정말 잘 매치하셨네요.

민철 아, 그래? 고마워. 사실 이제 나이도 들고 하니 조금 노력하고 있어. 와이프가 하도 옷 못 입는다고 구박해서 말야. 허허.

무송 (사실 이미 알고 있었다.) 아, 역시 그러셨군요. 역시나 노력은 헛되지 않나 봅니다.

민철 고마워. 계속 노력해 봐야지.

무송 화이팅입니다!

칭찬은 고래도 춤추게 한다. 제대로 한다면 말이다. 그런데 AI도 칭찬에 반응한다는 사실을 알고 있는가? 실험에 의하면 생성형 AI 역시 칭찬에 달라진다고 한다. 칭찬을 해주면 더 좋은 결과물을 내놓는다고 하니, 칭찬은 고래뿐 아니라 AI도 춤추게 하는 모양이다.

지시의 교양,
지시의 품격

21세기의 삶 속에서 어떤 상황에서건 지시한다는 것은 매우 어렵고 조심스러운 일이다. 잘못했다가는 '갑질'로 몰리거나 갈등이 생길 수도 있고 그런 일들까지는 발생하지 않았다 하더라도 반감, 불성실 이행 등 원치 않는 결과로 이어질 수 있기 때문이다. 그렇다면 어떻게 해야 문제가 생기지 않게, '잘' 지시할 것인가? 일단은 간단한 일상생활 속에서 이야기를 꺼내 보자.

"이봐, 여기 국밥 둘에 전병 하나!"
식당에서 종종 저 같은 주문을 듣곤 한다. 어떤 생각이 드는가? 주문받는 사람 기분 나쁘겠다? 당연하다. 그런데, 난 그 전에 이런 생각이 든다. '주문하는 사람, 참 교양 없다.' 주문 태도를 보면 그 사람의 인격을 엿보게 된다. 주문 하나 가지고 인격까지 언급하냐고 생각할 수도 있겠다. 그러나 많은 사람이 타인의 주문 매너를 보고 그 사람의 인격을 판단한다. 심지어 자라온 집안의 수준까지 판단한다는 사람도 봤다. 그러니 주문하는 법을 잘 배워야 한다. 남들이 판단하는 나의 교양 문제이니 말이다.

식당 주문은 넓게 보면 '지시'의 일종이다. 돈을 낼 것이니 상응하는 음식을 달라고 요구하는 것이다. 혹자는 내 돈 내고 음식 달라고 하는 건데 어떻게 주문하느냐가 뭐가 중요하냐고 할지도 모른다. 거듭 이야기하지만, 교양의 문제이다. 누군가 나한테 수준 낮은 집안에서 자라서 주문도 수준 낮게 한다고 얘기한다면 억울하지 않겠는가? 그 즉시 한바탕 싸울 각이겠지.

기본을 다지는 차원에서 모두가 알만한 상식적인 이야기를 잠깐 하겠다. 예부터 서양의 귀족층에서는 어려서부터 '지시의 기술'을 몸에 밸 정도로 습득시켰다고 한다. 그중 가장 기본적인 것이 "의문문으로 지시하라"이다. 'Would you please…'를 아예 입에 달고 살도록 하는 것이다. '지시를 명령문으로 하는 것은 교양 없는 행위'라고 정의를 해놓은 것인데, 이건 듣는 사람 기분을 생각한 규정은 아니라고 생각한다. 의문문으로 지시했다고 해도 그 내용에 따라서는 얼마든지 기분이 나쁠 수 있기 때문이다. 즉, 이건 그냥 일종의 사회 규범 같은 것이다. '의문문으로 부드럽게 지

공감 능력이 지배하는 세상에 대비하라

시하는 것이 교양 있는 행위'라고 그냥 '딱' 정해 버린 거다. 이러한 정의(?)가 서양 문화의 전파와 함께 우리나라에도 오래전부터 상식화되어 버렸다. 즉, 의문형 지시를 구사해야 교양 있는 사람으로 보이는 것이다.

식당 주문은 물론이고 대부분 지시는 의문문이 무난하다. 아까 주문이라면 "여기요, 국밥 두 개랑 전병 하나 주시겠어요?"라고 하면 된다. 의문문을 싫어한다면 부탁 형으로 해도 된다. "여기 국밥 두 개랑 전병 하나 부탁드립니다."라고 해도 된다. 부탁 형의 표현은 사실 일본식 표현이다. 하여튼 무난하다. 물론, "여기 국밥 두 개랑 전병 하나요"처럼 주문하는 것이 문제가 있다는 얘기는 아니다. 의문문이 좀 더 '교양 있고 정중한' 표현으로 여겨진다는 것이다. 다만 식당 주문에서는 이런 부분이 정확히 공감되지 않을 수도 있다. 그렇다면 다른 상황으로 심화 학습을 해보자.

《 **1번 대화** 마음만 바쁜 영선 》

영선 기사님 좀 더 빨리 달릴 수 없을까요?

상균 아이고, 지금도 빨리 가고 있는데요.

영선 제가 늦어서 그래요. 지름길이라든지 뭔가 방법을 찾아주세요.

상균 막히는 시간이라 어디로 가도 큰 차이가 없습니다.

영선 아니, 차선 변경도 하고 그러시면 좋을 것 같은데요?

상균 차라리 직접 운전 하시죠.

늦어서 초조한 영선의 마음… 택시 기사에게 잘 전달되었을까? 위 대화에서는 그 초조한 마음에 공감을 얻는 데 실패한 듯하다. 이번에는 영선 대신 영빈의 지시를 엿보자.

《 **2번 대화** 바쁠수록 돌아가는 영빈 》

영빈 기사님 좀 더 빨리 달릴 수 있을까요?

상균 예, 좀 더 빨리 가보겠습니다.

영빈 제가 늦어서 그래요. 지름길이라든지 뭔가 방법이 있으면 좋겠네요.

상균 막히는 시간이라 큰 차이는 없겠지만 최선을 다해보겠습니다.

영빈 고맙습니다. 운전을 참 잘하시네요.

상균 자, 그럼 20년 베스트 드라이버 출동합니다!

차이를 느꼈는가? 1번 대화에서도 영선은 의문문으로 지시했고, 말투 자체는 정중했다. 기본적으로 나쁘지 않아 보인다. 그런데 왜 이런 차이가 생기는가? 여기에는 몇 가지 함정이 있다. 첫째, 같은 의문문이라 하더라도 부정의문문은 좋지 않다. "좀 더 빨리 달릴 수 없을까요?"에 "예"를 붙여보자. "예, 달릴 수 없습니다"가 된다. "있을까요?"에 "예"를 붙이면, "예, 가능합니다"가 된다. 우리 말의 독특한 측면인데, 우리 말의 'yes'는 영어와 달라서 상대가 부정형으로 물으면 '예'가 부정적 대답이 돼 버린다. 주문받는 사람 입장에서는 일단 '예'라고 말해야 하는 것이니, 부정형으로 물어보면 대답이 자연스럽게 부정형이 되는 것이다. 좀 더 빨리 달릴 수 없냐고 물었으니 '예'가 곧 '빨리 달릴 수 없다'가 되는 것이다. 실제 우리 잠재의식 속에서는 뇌가 이런 메커니즘으로 작용한다고 한다. 그래서 무언가 주문할 때는 의문문으로 하되, 긍정형으로 하는 것이 좋다.

둘째, 지시를 할 때 명령문은 좋지 않다고 했다. 영선의 발언 속에 "방법을 찾아주세요"는 정중해 보여도 명령문이다. 또한 그 표현의 속뜻에는 '당신이 방법을 모르는 것 같다'는 책망이 느껴진다. 이래서야 상대의 반발만 사고 말 것이다. 아마 영선의 말에 상균은 반발심을 느꼈을 것이다. 반면 2번 대화 속에서 영빈은 '뭔가 방법이 있으면 좋겠다'며 본인 희망의 형태로 이야기했다. 훨씬 부드럽고 우아한 표현이다.

셋째, 일을 맡겼으면 결정적이거나 치명적이지 않은 사안에 대해서는 그냥 맡기는 것이 맞다. 특히 방법론에 대한 것은 결정적인 내용이 아니라면 언급하지 말아야 한다. 자칫 상대의 자존심을 건드리게 되기 때문이다. '차선을 바꾸라'며 기사의 운전 방식에 대한 자존심을 건드린 영선과 달리 영빈은 지시의 필수 스킬인 '칭찬'을 가했다. 지시의 효율성을 높이기 위해서 칭찬은 매우 중요하다. 칭찬은 당신을 믿고 맡기겠다는 의미를 내포하기 때문에 지시받는 사람의 의욕과 '하고잡이 마음'을 돋운다. 이 같은 몇 가지의 사소해 보이는 차이가 상당히 다른 결과를 만들어

냈다. 당신은 이 같은 상황에서 영선의 조급함을 선택할 것인가, 영빈의 지혜로움을 따를 것인가?

자, 여기서 추가 질문! 주문받은 사람이 일을 엉터리로 하고 있거나 성의가 없다면? 그때도 무조건 정중하게 부탁하듯이 해야 하는 걸까? 교양도 챙기고 일도 바로잡는 방법은 없을까?

석재 앗! 사장님, 도배지가 주문한 색상이랑 다른데요?

성원 에이, 그럴 리가요… 전 주문받은 그대로 가져온 건데요?

석재 주문서랑 한번 비교해서 봐주시겠어요?

성원 아, 맞다니까 그러시네… 볼 필요도 없어요.

석재 (다소 무거워진 톤으로) 아무래도 아닌 것 같으니 확인해 주세요.

성원 (어쩔 수 없다는 표정으로 마지못해 확인해 본다. 석재 말대로 주문서와 제품이 다르다) 어이쿠, 이거 죄송해서 어쩌죠? 고객님 말씀대로 잘못 가져왔네요.

석재 번거롭게 되셨네요.

성원 제 잘못인데요, 빨리 다녀오겠습니다.

여기서 석재는 처음에는 정중하게 의문문으로 주문하다가 상대가 성의 없는 답변이나 서비스를 제공하자 명령문으로 톤을 변경했다. 그 변화의 효과는 강력해서 상대가 꼼짝 못 하고 지시대

공감 능력이 지배하는 세상에 대비하라

로 하게 만든다. 사실 석재는 처음부터 뭔가 잘못됐다는 것을 알고 있었다. 본인이 직접 고른 벽지인데 모를 리 없지 않은가. 아마도 보자마자 짜증이 났을 것이다. 그러나 만약 처음부터 명령문으로 비교해 보라고 시시했는데 만약 성원이 확실히 맞다는 식으로 반응했다면 이때는 다소 과격한 표현을 쓸 수밖에 없었을 것이다. 우리가 추구하는 '지시의 교양'을 잃어버리는 것은 물론이고 이후 작업 시간 내내 험악하고 어색한 분위기가 연출됐을 것이다. 그 차이를 실감하겠는가? 이것이 바로 별것 아닌 것 같지만 결과에서 큰 차이를 만들어 내는 이른바 '품격 있는 지시의 힘'이다.

글을 맺기 전에 잠깐! 생성형 AI도 지시의 톤과 매너에 따라 다르게 행동한다는 설이 있다. 확실히 검증된 건 아니지만, 존댓말로 묻거나 정중하게 지시했을 때 더 성실한 답변을 내놓는다는 것이다. 말이 안 된다고 생각할 수도 있지만 적어도 미래에는 그 같은 양상이 벌어질 가능성이 크다고 본다. AI는 인간의 행동 양식과 그것이 기록된 데이터를 학습해서 나름의 답변이나 행동을 내놓는 존재이다. 그렇다면 인간들이 '품격 있는 지시', '정중한 지시'에 더 긍정적으로 반응하고 더 성실한 답변을 내놓는 경향이 있다는 것 역시 학습하게 될 것이다. 이것이 적절한 패턴이라고 판단하고 행동할 테니, AI 역시 '정중한 지시'에 더 긍정적으로 반응할 것이라는 가설이 꽤 설득력 있지 않은가! 이래저래 '지

시의 교양', '지시의 품격'을 갖춰야 하는 이유는 더 많아지는 셈
이다.

공감 능력이 지배하는 세상에 대비하라

지적질의 전략,
충고의 테크닉

후배가 뭔가 실수를 했다. 눈에 거슬린다. 제대로 바로잡지 않으면 다음에 또 같은 잘못을 저지를 듯하다. 잘 얘기하고 지적해서 재발을 막아야 할 것 같은데 이게 생각보다 간단치가 않다. 뭔가 한마디 했을 때 상대가 기분이 좋을 리 없기 때문이다. 특히 상대가 MZ세대라면 더욱 그렇다. 동의하지 못할 때 그들이 즉각적으로 반발하고 표현한다는 것을 우리는 잘 알고 있다. 그러니 완벽하게 준비하지 않고 지적질을 했다가는 오히려 망신당하기 십상이다. 그러나 말이 쉽지, 완벽하게 준비한다는 게 그리 쉬운가? 잘못하나 교정하자고 플랜씩이나 준비할 수도 없는 노릇이고…

물론 이런 건 속 깊은 사람들의 고민이다. 주변에 보면 별 논리도 없이 자기 생각이 무조건 옳다고 용감하게 내뱉으시는 분들도 있다. 맞다. 그런 사람들이 꼰대다. 꼰대가 되지 않는 법에 대해서는 이미 얘기했으므로 우리 독자들은 꼰대가 아니라고 가정하자. 하여간 남들에게 조언 내지 지적질하는 것은 어렵다. 그래서 이번 주제는 '지적질의 전략'이다.

진우 성우야, 너 어제 보니까 일하는 순서가 문제있더라.

성우 네? 무슨 말씀이세요?

진우 아니 IPA 프로젝트가 더 중요한데 CPA 프로젝트를 먼저 했더라? 일이라는 게 중요한 거부터 해야지, 급하다고 중요도가 떨어지는 것부터 하는 거… 안 좋은 습관이야.

성우 CPA 프로젝트도 굉장히 중요한 건데요?

진우 그게 또 무슨 말이야? CPA 프로젝트는 규모도 작고 그 회사는 중장기적으로 같이 갈 회사도 아니잖아?

성우 선배님, CPA 프로젝트는 규모는 작아도 이익률이 높아요. 그리고 IPA 프로젝트가 아무리 중요해도 급한 것부터 먼저 처리하는 게 맞죠.

진우 아니, 선배가 가르쳐주면 좀 생각하고 대답해라. 내가 말하는 핵심은 중요한 일을 급한 일보다 먼저 처리하라는 거야.

성우 (못마땅한 표정으로) 네, 알겠습니다~

진우 진짜 알아먹은 거야?

성우가 진우에게 진심으로 공감하고 동의했을까? 아닐 것이다. 공감도 못 했으니, 진우의 '가르침'을 통해 뭔가 깨닫거나 변화할 가능성은 제로이다. 뭐가 문제일까? 받아들이지 않으려는 성우의 태도가 문제라고? 그렇게 볼 수도 있겠다. 그러나 그렇게 본다면 '지적질의 전략'을 받아들일 준비가 안 돼 있는 것이다. 마음을 열고 차근차근 하나씩 풀어보자.

상대의 무언가를 바로잡고 싶을 때, 즉, 지적하고 싶을 때 꼭 알아야 할 사실이 있다. "인간은 자신의 잘못을 인정하지 않는다"라는 것이다. 어떤 조사에 따르면 교도소에 갇힌 수감자들의 90%가 자신의 죄를 인정하지 않는다고 한다. 범법했다고 판결까지 받은 사람들조차 자신의 잘못을 인정하지 않는다는 것이다. 그렇다면 일상에서 사소한 실수나 잘못을 저지른 사람이라면? 아마도 99%의 사람들이 자신의 실수나 잘못을 인정하지 않을 것이다. 어쩌면 인간 본성의 문제인 지도 모르겠다.

이 사실을 분명히 인식하는 것이 첫 번째 순서이다. 즉, 내가 무언가를 바로잡고자 하는 대상, 즉 지적질의 대상은 웬만해선 자기의 잘못이나 실수를 인정하지 않을 것이라는 점을 전제로 깔아야 한다. 내가 무슨 말을 하든 상대는 변명하거나 잘못의 이유를 다른 누구 혹은 사건으로 돌릴 것이다. 그것을 분명히 인식하는 것이 중요하다.

이러한 전제를 깔고 사안을 다시 보자. 잘못이나 실수를 인정할 생각이 없는 사람에게 지적질하는 것… 그것이 꼭 필요하다고 생각하는가? 만약 꼭 필요하지 않다고 판단한다면 그냥 넘어가는 것이 현명하다. 내가 한마디 해봐야 서로 기분만 나빠질 것이고 시간 낭비에, 소모적 논쟁으로 이어질 가능성이 크다. 그러니 그냥 넘어가라. 그것을 권하고 싶다. 그럼에도 내가 너무나 아끼는 사람이고 이 사안은 반드시 바로잡고 가야겠다면? 그렇다면 바로 그 마음… '간절함'을 가지고 상당히 번거로울 수 있는 다음 단계로 향해보자.

잘못을 인정하지 않으려 하는 사람에게 잘못을 인정하게 만드는 방법은 무엇일까? 강압이나 권위? 그런 것을 이용해 겉으로는 굴복한 척 만들 수는 있다. 저 대화 속의 성우처럼. 그러나 그런 방법으로는 상대가 진심으로 인정하게 만들 수 없다. 사람이 인정하고 변화하려면 우선 상대방에게 '공감'을 느껴야 할 텐데 강압이나 권위에 공감하는 사람이 있을까?

변화의 필요조건은 공감이다. 공감하지 않으면 상대 말이나 의견을 인정하지 않을 것이고 그 의견을 따르는 변화란 당연히 어불성설이다. 그런데 이 책의 초반부에서도 이야기했듯이 공감이란 '같은 편에 서 있다는 느낌'이다. 상대의 공감을 얻으려면 우선 상대와 같은 편에 서는 작업을 먼저 해야 한다는 것이다.

상대와 같은 편에 서는 첫 번째 수단은 인정과 칭찬이다. 인간은 누구나 자신을 인정하는 사람에게 호감을 느끼게 돼 있다. 사람에게 본능적인 욕구 외에 가장 큰 욕구를 들라면 '중요한 사람, 의미 있는 존재가 되는 것'이라고 한다. 누군가에게 인정을 받는다는 것은 누군가에게 의미 있는 존재가 된다는 뜻이다. 그 인정한다는 것을 가장 강하게 표현하는 것이 칭찬이고. 그러니 상대가 나를 진심으로 인정하고 칭찬하면 자기도 모르게 무장해제하게 된다.

상대와 같은 편에 서는 두 번째 방법은 공동의 적을 만드는 것이다. 평소에 사이가 별로 좋지 않았던 사람들도 공동의 적이 생기면 연합하고 뭉치게 돼 있다. 생존이 달린 상황에서 사소한 감정은 무시되는 법이다. 그러므로 상대와 공동의 적이 있다고 느끼게 만드는 것은 같은 편이 되는 가장 빠른 방법의 하나이다. 공통으로 대척점에 있는 일이나 사람을 적으로 만들고 적을 비판하거나 적으로 인해 느끼는 고난을 표현하면 된다. 정치색이 같을 경우 상대 당을 함께 비판함으로써 동지애를 느끼는 식이다. 공동으로 주어진 힘든 과업이 있으면 그것으로부터 오는 고통을 표현함으로써 역시 동지애를 느끼게 된다. 그런데 때로는 공동의 적을 찾기 어려울 경우도 있다. 이런 경우 가상의 적을 만들기도 한다. 요즘 시대라면 AI라든지 바이러스라든지… 인간에게 무언가 위협이 될 수 있는 것을 표현해 위기감을 조성하고 이를 함께 극복해야 할 동지애를 느끼게 하는 것이다.

자, 이렇게 같은 편에 섰다면 사실 이 이후는 보통 자연스럽게 풀리게 된다. 중요한 작업이 이미 끝난 것이다. 일단 여기까지만 얘기하고 지난 대화의 변화를 살펴보자.

진우 성우야, 어제 보니까 CPA 프로젝트 깔끔하게 잘 처리했더라. 빨리 처리해야 하는 일인데 잘한 것 같아.

성우 고맙습니다. 안 그래도 해야 할 일이 이것저것 많아서 뭐부터 해야 할지 고민하다가 CPA가 기한이 얼마 안 남아서 먼저 처리했어요.

진우 요즘 IPA에, CPA에 처리해야 할 일이 많아서 힘들지?

성우 예. 일이 항상 이렇게 동시에 밀려드네요.

진우 회사가 사람을 더 뽑아주든지 해야지, 계속 일만 늘이고 말야.

성우 맞아요. 점점 한계를 느껴요.

진우 네가 일을 잘하니까 더 많은 일이 온다고 생각해. 확실히 네가 맡은 일을 깔끔하게 처리하잖아.

성우 그렇게 말씀해 주시니 감사합니다! 선배님의 지도 덕분입니다. 하하.

진우는 인정, 칭찬, 공동의 적 만들기, 그로 인한 고통 토로 등을 통해서 성우가 진우를 같은 편으로 느끼도록 만들었다. 한마디로 무장해제를 시킨 것이다. 이제 조언의 준비는 끝났다. 그 다음을 지켜보자.

공감 능력이 지배하는 세상에 대비하라

진우 성우야, 그런데 나 한 가지만 부탁할 게 있어.

성우 어? 뭐요? 말씀하세요.

진우 급했던 건 CPA 프로젝트가 맞는데 사실 회사로 볼 때는 IPA 프로젝트가 더 중요해.

성우 그렇죠. 매출 규모도 그렇고…

진우 그래. 다음에 의사결정 할 때는 급한 일보다는 중요한 일 먼저 처리하면 좋을 것 같다.

성우 아, 그 말씀이 맞죠. 급한 일보다는 중요한 일 먼저 하라고 했는데 막상 일할 때는 잊어버려요.

진우 허허. 맞아. 사실 나도 그렇긴 해. 말이 쉽지, 현실에서 적용한다는 게 어렵지.

성우 네. 그래도 다음에 의사결정 할 때는 꼭 기억하고 적용하겠습니다.

진우 그래, 역시 똑 부러진다.

성우 헤헤. 감사합니다!

　진우가 진짜 하고 싶은 이야기를 꺼내는 장면을 잘 보자. 진우는 훈계하거나 지적하는 모양새가 아니라 '부탁'이라는 표현을 써서 접근한다. 상대가 유능하고 중요한 사람이라고 느끼게 만든 다음에 그 연장선상에서 부탁한다는 식이다. 성우는 자신이 '중요한 사람'으로 인정받았기 때문에 '부탁'이라는 표현에 눈이 번쩍 떠진다. 자기가 다 들어주겠다는 심산인 것이다. 그런데 사실 그 뒤에 나오는 건 부탁의 내용이 아니다. 성우도 어느 지점에서는 그것이 부탁이 아니고 권고나 훈계임을 느낄 것이다. 그렇지만 진우가 자기와 같은 편의 사람이기 때문에 자신에게 도움이 되는 말일 것이라고 몸과 마음이 본능적으로 느끼게 되고 기꺼이 받아들이게 된다. 진우는 본인도 실천이 쉽지 않다고 이야기하면서 끝까지 '같은 편 스탠스'를 놓치지 않는다. 다시 한번 칭찬도 가해서 심리적 호감선을 더 공고히 한다. 어렵게 꺼낸 권고가 수포로 돌아가는 것을 막기 위함이다. 현명하다.

미화 당신 애들한테 그렇게 세게 얘기하면 어떡해?

병갑 뭐가? 잘못했으면 따끔하게 혼을 내야 제대로 알아듣지.

미화 한창 예민한 시기에 그렇게 하면 반발심만 나오지. 애들이 새겨듣겠어?

병갑 당신이나 잘해. 내 교육 방식에 참견하지 말고.

미화 왜? 내 교육 방식에 뭐 문제 있어?

병갑 됐어. 그냥 각자 방식대로 하자고.

미화 …

충고하려다 기분만 상했다. 사실 우리 일상의 모습은 대개 이런 식이다. 그래서 함부로 지적질하지 말라고 한 것이다. 윗사람이 아랫사람에게 충고하는 것도 어려운데 동등한 관계는 당연히 더 어렵지 않을까? 어? 부인이 윗사람이라고? 하하. 개인적 철학은 나중에 따로 만나서 논의하기로 하고… 하여튼 동등한 관계에서도 요령은 '전과 동'이다.

미화 이 녀석들 요즘 사춘기라 그런지 정말 말을 안 들어.

병갑 그러니까 몇 번을 얘기해도 바뀌는 게 없으니…

미화 우리 이러다 빨리 늙겠다. 당신은 일 때문에 안 그래도 스트레스 많이 받을 텐데…

병갑 나야 뭐… 나보다는 당신이 더 힘들지.

미화 아니야. 나는 애들 교육에 신경 쓸 시간이 많으니까… 당신은 애들까지 신경 쓰려면 힘들지 않아?

병갑 허허. 괜찮아.

미화 우리 뭔가 애들 훈육 방법을 바꿔야 하는 게 아닐까?

병갑 어떻게?

미화 아무래도 애들이 예민한 시기라 강압보다는 타이르고 유도하는 쪽으로 훈육하면 어떨까 싶어.

병갑 응. 당신 말에도 일리가 있다. 다음에는 그런 방법을 시도해 보자.

미화 그래. 어쨌든 애들이 잘되라고 하는 거니까.

병갑 맞아. 정답이네.

우리는 흔히 상대를 가르쳐서 변화시키는 것이 진심에서 우러나오는 호의라고 생각하곤 한다. 하지만 잘 생각해 보면 많은 경우 지적질은 본인의 우월감에서 나오는 행위이다. 나의 우월한 부분을 보여줘서 내가 얼마나 중요한 사람이고 의미 있는 인간인지를 증명하고자 하는 것이다. 그러므로 무언가 남에게 충고나 권고를 하고 싶다면 자신의 마음속을 잘 들여다보자. 그렇게 들여다봤는데 내 우월감 때문이 아니라 확실히 상대를 위한 것이라면? 그때는 앞에서 얘기한 전략과 요령을 총동원해서 얘기를 꺼내는 것이 좋겠다. 이 정도의 수고로움을 감당하지 못하겠다면 얘기를 꺼내지 않는 것이 맞다. 간절함이 없는 충고는 어차피 효과를 보기 어려울 것이기 때문이다.

공감 능력이 지배하는 세상에 대비하라

잘 팔려면 말을 잘해야 한다?
비즈니스와 말

　말을 잘하는 것이 돈을 버는 데에도 도움이 될까? 아마도 각자의 경험치에 따라 찬반이 팽팽할 듯하다. 말을 잘하면 논리적으로 설득하는 데 유리할 테니, 당연히 도움된다는 의견들이 있을 수 있고 반대로 말을 너무 잘하면 왠지 믿음이 가지 않아서 오히려 비즈니스에는 방해가 될 수도 있다는 의견도 있을 것이다. 당연히 여기에 정답은 없다. 그렇다면 질문을 한번 바꿔 보자. 말을 잘하고 못하고를 떠나 비즈니스에 도움되는 대화법이 있을까? 정답은 '그렇다' 혹은 '아마도 있다'이다.

　여기서는 남들을 설득하는 비법, 특히 세일즈나 비즈니스에 도움이 될 만한 대화법을 이야기해 볼까 한다. 사실 이 주제로 이야기를 하자면 끝이 없을 것이다. 제품에 대한 소비자의 관여도에 따라, 제품 종류에 따라, 문화권에 따라 다 달라질 수밖에 없고 지불 수단, 즉 돈이나 시간이나 관심이나 등에 따라서도 달라지기 때문이다. 그래서 여기서는 주마간산격이지만 핵심적인 내용 한두 가지만을 엄선해서 다뤄보려 한다. 아마도 세일즈 경험이 풍부하신 분에게는 너무도 당연한 얘기라 큰 도움이 되지 않을 수도 있겠다. 또한 상품보다는 가치를 중시하고 결과보다는 과정을 중시하는 최근의 마케팅 세일즈 전략에서는 구닥다리처럼 보이는 얘기일 수 있겠으나, 우리 일상에서는 여전히 이같은 설득 및 세일즈 방식이 통하고 있으므로 가치 없는 이야기는 아니라고 생각한다.

《 대화1 》

재호 이 물은요, 미네랄도 풍부하고 약알칼리성이라서 건강에 아주 좋습니다.

종명 물이 뭐 거기서 거기 아닌가요?

재호 아니죠. 수원지도 깨끗한 제주에서 온 물입니다. 맛도 좋으니 한번 드셔 보시죠.

종명 아 그래요? 그런데 조금 비싼 것 같네요?

재호 아무래도 제주에서 오다 보니 조금 비쌉니다. 그런데 정기배송 신청을 하시면 4번째마다 무료로 드립니다. 25% 할인인 셈입니다.

종명 네… 한번 고민해 볼게요.

공감 능력이 지배하는 세상에 대비하라

상품의 좋은 점이란 좋은 점은 다 늘어놓은 재호… 그런데 종명은 바로 상품을 구매하지 않았다. 재호의 판매 권유가 무엇이 부족했던 것일까? 혹은 문제가 있었을까? 무언가를 팔겠다고 시도할 때, 장점을 최대한 많이 언급하거나 가격을 싸아주면 그만이라고 생각하는 사람들이 많다. 물론 그렇게 해서 판매가 성사되는 예도 있다. 그러나, 아마 성공 확률은 높지 않을 것이다. 상대를 고려하지 않고 본인이 자랑하고 싶은 것만 늘어놓았기 때문이다. 대화는 상대를 고려하고 공감을 얻어야 하는 것이다. 판매에서도 상대의 공감을 얻지 못한다면 당연히 성공 가능성은 낮아지게 된다. 판매의 대화에서 역시 공감이 키워드다.

그렇다면 판매 권유에서 공감을 얻는 방법은 무엇일까? 단 한마디로 답하라 한다면 '바로 지금, 왜 사야 하는지를 얘기해야 한다'라고 하겠다. 사는 사람 입장에서는 이 물건 외에 다른 것을 살 수도 있고 지금이 아니라 다음에 살 수도 있을 것이다. 왜 지금, 왜 이것을 사야 하는지에 명확한 이유가 없다면 굳이 지금, 다른 대안을 고민하지 않고 이 상품을 선택하지는 않을 것이다.

《 대화2 》

재호 이 물은요, 미네랄도 풍부하고 약알칼리성이라서 건강에 아주 좋습니다.

종명 : 물이 뭐 거기서 거기 아닌가요?

재호 고객님 혹시 술 자주 하십니까?

종명 네… 그렇긴 한데… 왜요?

재호 이 물에는 미네랄이 다른 물의 몇 배 정도 들어있어서 술 드신 다음 날, 갈증을 해소하고 전해질을 보충하는 데 탁월한 효과가 있습니다.

종명 (솔깃한다.) 아 그래요? 그런데 조금 비싼 것 같네요?

재호 아무래도 수원지가 깨끗한 제주에서 온 물이라 조금 비쌉니다. 지금 정기배송 신청을 하시면 4번째마다 무료로 드립니다. 25% 할인인 셈이니까, 다른 생수랑 큰 차이가 나지 않습니다.

종명 지금 신청하면 할인을 해주나요?

재호 네, 그렇습니다. 일단 한번 맛을 보시죠.

종명 그럼, 일주일에 두 팩씩만 신청해 주세요.

대화의 내용 측면에서는 《대화 1》과 《대화 2》에 큰 차이가 없다. 그런데 결과는 다르다. 이유가 무엇일까? 《대화 2》에서 재호는 종명에게 이 물을 선택해야 하는 이유를 제시했다. 아마도 종명이 평소에 술을 좀 할 것 같은 느낌이었던 모양이다. 이 물이 술 마신 다음 날에 특히 좋다는 '사야 하는 이유'를 제시함으로써 거부할 수 없도록 만들어 버렸다. '사야 하는 이유'는 고객에 따라 달라질 것이다. 그것을 간파하는 것은 세일즈맨의 노하우와 능력이다. 그 요령을 여기에서 설명하기는 어렵다. 그러나 '사야 하는 이유'를 찾겠다고 접근하는 것과 그냥 막연하게 장점을 마구 늘어놓는 것은 성공 확률에서 근본적인 차이가 날 수밖에 없다. 한편, 《대화 2》에서는 '지금' 사야 하는 이유도 제시했다. 사실 지금 당장 사야만 25퍼센트 할인 혜택을 주는 것은 아닐 것이다. 그럼에도 마치 지금 사야만 할인 혜택이 있는 것처럼 표현함으로써 '지금' 사야 하는 명분을 제시해 주었다. 결국 '이 상품을 사야 하는 이유'와 '지금 사야 하는 이유'가 충족됨에 따라 판매도 성공하게 된 것이다.

호동 갑자기 어쩐 일이세요?

영호 영업 사원이 무슨 일이겠습니까? 허허.

호동 아이고. 저희 남은 예산이 없는데요?

영호 그냥 제안이나 드려볼까 하구요. 요즘 보니까 인천 지역 상생에 열심이시던데… 허허

호동 아, 우리 생산 시설이 그 지역에 집중돼 있으니까요… 아무래도…

영호 특히 환경 관련 이슈에 수요가 있으시죠?

호동 (솔깃) 어? 그거 어떻게 아셨어요?

영호 허허. 어쩌다 알게 됐습니다. 사실은 저희가 요즘 지역 환경 캠페인을 진행 중이거든요. 함께 인천 지역 환경 캠페인을 진행하면서 저희가 보유한 인천 지역 옥외 매체들에 집중적으로 노출하는 상품을 제안해 보려구요.

호동 와! 좋은 제안인데요? 제안서 주세요. 경영진과 논의해 보고 말씀 드릴게요.

영호 네. 그런데 캠페인 참여 기업을 무한정으로 받을 수는 없어서 다섯 개 기업만 진행할 예정이거든요. 현재 AA, BB, CC, DD 등의 기업들이 참여 의사를 밝힌 상황이라 딱 한 자리가 남았습니다. 진행 여부를 빨리 말씀해 주셔야 할 것 같습니다.

호동 아, 그래요? 제가 오늘내일 중에 말씀드릴게요. 다른 곳 받지 말고 잠시만 홀드해 주세요.

영호 알겠습니다. 김 상무님 생각해서 기다리고 있겠습니다!

여기서 영호는 아마도 호동의 기업이 인천 지역 환경 이슈에 급하고 민감한 상황이라는 것을 알고 접근했을 것이다. 호동 입장에서는 안 그래도 인천 지역에서 환경 관련 캠페인 등을 진행해야겠다고 생각하고 있었는데 영호가 갑자기 가려운 곳을 긁어 주러 온 셈이 되어 버렸다. 사실 대부분의 기업이 이처럼 가려운 곳이 있다. 그것을 찾아서 해결해 주는 솔루션을 만들면 된다. 구매자가 사야 하는 이유, 즉 수요를 맞춰야 판매에 성공할 수 있는 것이다. 사실 대화의 기술이라기보다는 세일즈의 기본 원칙이다. 여기서는 시간 한정, 수량 한정의 세일즈 기법도 활용했다. 홈쇼핑에서 많이 쓰는 기법인데 역시 '지금 사야 하는 이유'를 충족시켜 준 셈이다.

공감 능력이 지배하는 세상에 대비하라

정리를 해보자. 판매에 도움되는 대화법은 이렇다. 첫째, 상대의 수요를 파악할 것. 즉, 사야 하는 이유를 제시할 것. 이것은 거꾸로 특정 상품에 수요를 가진 사람들, 즉 판매 타겟을 잘 잡아야 하는 이유를 설명하는 포인트이기도 하다.

둘째, 지금 사야 하는 이유를 제시할 것. 자동차나 집과 같이 관여도가 매우 큰 상품이 아니라면, 아니 심지어 그 같은 상품이라고 해도 지금, 혹은 단기간에 결정하도록 하는 것이 판매 성공률을 높이는 데 큰 도움이 된다. 어떤 상품이든 사야 하는 이유보다 사지 말아야 할 이유가 훨씬 많기 때문에 오래 생각하면 할수록 결정하기가 어려워지기 때문이다.

셋째, 테일러링. 대화는 상대의 공감을 얻기 위한 행위이다. 대화를 통해 판매 성적을 높이려면 당연히 상대의 공감을 얻어야 하고 그것에 가장 중요한 것은 상대에 따른 맞춤형 대화법을 개발하는 것이다. 같은 상품과 같은 조건이라 하더라도 판매의 상대에 따라 각기 다른 대화 내용과 톤과 매너를 구사해야 한다. 상대에 따른 테일러링 대화는 오랜 기간에 걸친 숙련이 필요한 것이지만 중요한 것은 그렇게 하겠다는 자세이다. 그러한 태도로 대화의 경험을 지속한다면 머지않아 상대에 따른 맞춤형 대화가 자유자재로 가능해지리라 본다.

몇 년 전 아울렛에 자켓을 한 벌 사러 갔다가 판매 사원의 수

완 좋은 권유에 양복 한 벌에 레인코트, 거기에 캐주얼 점퍼까지 왕창 과소비하게 된 일이 있다. 지금 생각해 보면 그는 내가 어떤 스타일을 좋아하는 지와 내 신체 사이즈의 특징을 한눈에 알아차리고 그에 딱 맞는 옷들을 권해 주었고 그 옷들이 딱 한 벌씩만 남았음을 은근히 강조했으며 절대 강요하지 않으면서도 내가 선호하는 권유 스타일로 절대 벗어날 수 없는 올가미에 나를 완벽히 가뒀다. 나는 사지 않을 도리가 없었다. 그의 완벽한 판매법에 완전히 갇혀 버린 것이다. 그러나 지나고 나서도 후회하지는 않았다. 그만큼 괜찮은 제품이었고 괜찮은 가격이었으니까…라고 스스로 위안하면서…

세일즈 대화법은 AI 시대에는 상당히 유용한 몸값 높이기 수단이라고 생각한다. 약 10년 후, 휴머노이드 AI가 보편화될 것으로 예상되는 시점 전까지 최소 10년간은 인간이 세일즈에서는 우위를 가질 가능성이 높기 때문이다. 단, 그 이후는 장담할 수가 없다. AI는 최고 영업사원들의 노하우를 금방 습득할 것이고 인간은 습득된 스킬에 사로잡힐 수밖에 없을 것이다. 내가 아울렛에서 갇혔던 것처럼… 세일즈 대화법은 딱 10년짜리 가치를 지닌 노하우라고나 할까?

《 **부록** : 당근 마켓에서 누가 봐도 쓸데없는 물건을 파는 법 》

공감 능력이 지배하는 세상에 대비하라

1. 먼저 이 쓸데없는 물건이 과연 누구에게 필요한 것인지 고민하라.
2. 그 사람이 이 물건을 왜 사야 하는지 어필하자.
3. 가격의 매력 포인트를 시세, 다른 사람의 판매가 등과 비교해서 어필하라.

예시 1) 구입한 지 20년 된, 구멍 난 가죽 재킷

구멍 난 가죽 재킷 팝니다. 몇 년 전 구멍이 난 이후로 안 입고 장롱에 넣어 두었더니 가죽이 빈티지스럽게 낡아졌습니다. 최근에 가죽 의류나 가방 빈티지 리폼이 유행이라고 해서 필요한 주인을 찾아주려 합니다. 이 재킷을 리폼해도 좋을 듯하고 가방 리폼할 때 재료로 활용해도 딱인 듯 싶습니다. 검색해 보니, 천연 양가죽 원단이 이 정도 크기면 2만 원에서 3만 원 정도 하네요. 빈티지 가죽이라 오히려 희소성이 높습니다. 2만 원으로 가죽값만 받을게요. 문의가 많이 들어오고 있습니다. 빨리 가져가세요.

예시 2) 장롱에 20년 넘게 처박혀 있던 싸구려 와인

20년 넘게 보관돼 있었던 와인 팝니다. 장기 숙성형 와인이 아니라서 마실 수는 없는 와인입니다. 소믈리에 준비하시는 분들이나 소믈리에 입문자분들께 코르크 오픈 실습용으로 권해 드립니다. 코르크가 많이 부식돼서 난이도가 매우 높습니다. 원래 1만

5천 원에 산 와인인데 그간 보관한 비용과 희소성을 무시하고 원가 그대로 받겠습니다. 다만 시간이 지날수록 가격은 더 올라갈 것 같습니다. 희소성이 더 커지니까요.

공감 능력이 지배하는 세상에 대비하라

부정적인 소식은
어떻게 전달해야 할까?

　세상에 비보가 넘쳐나고 있다. 전 세계적으로 전에 없다 싶을 정도로 대규모 재해 뉴스가 줄을 잇고 있다. 이스라엘과 하마스의 충돌로 인해 수만 명의 사상자가 발생하고 있는 것을 비롯, 각종 지진과 대홍수로 수천에서 수만 명이 유명을 달리하고 있다. 이 외에도 국내외에 큰 사건사고가 멈추지 않고 지속되고 있다. 이렇게 끝없이 쏟아지는 비보들을 보다 보니, 저런 소식들을 정작 그 유족들에게 어떻게 전해야 했을지 한없이 마음이 무거워진다.

　살아가다 보면 부정적인 소식, 부정적인 이야기를 남에게 전달해야 할 때가 있다. 단순히 부정적인 소식을 전달하는 메신저

역할도 어렵겠지만, A로부터 말을 받아 B로 전달해야 할 때 그것이 부정적 내용이면 참 곤혹스러울 때가 많다. 업무적으로 원청과 하청 업체 사이에서 말을 옮겨야 하는 비즈니스적 역할, 또 갈등 관계에 있는 누군가 사이에서 중재적으로 말을 전해야 하는 예도 있다. 부모님이 부부싸움을 하셨을 때 서로 뻔히 들리는 위치에서 '엄마한테 뭐라고 전해라', '아빠한테 뭐라고 해라' 등 서로 주고받는 대화를 형식적으로 중계하는 자식의 역할까지.(이건 뭐 이

몽룡과 성춘향의 첫 만남 같은 상황이지만 실제 경험한 사람들도 많을 거다.)

누군가의 부정적인 메시지를 또 다른 누군가에게 전달하는 일은 결코 쉬운 일이 아니다. 전달하는 일 자체도 불편한 일인데 자칫 잘못 전달했다가는 본의 아니게 둘 사이를 갈등 구도로 만들 수도 있고 최악의 경우 양쪽으로부터 원망을 듣게 될 수도 있다. 아니다, 최악의 경우는 죽음이다. 무슨 얘기냐고? 과거 '패전'의 소식을 들고 갔던 전령에게는 종종 '참수형'이 주어졌다.(패전 소

식을 들고 간 전령이 목숨을 부지하는 방법은 이 글의 마지막에 소개하겠다.) 그러니 나쁜 소식을 전달하는 일은 함부로 행해서는 안 되는 일이다.

> **광국** 문 차장, ADK 기획사에서 보내온 광고 기획안 말이야… 뭐 그 따위 기획안을 보내왔대? 타겟도 안 맞고 컨셉도 엉망이고 모델 선정은 도대체 그게 뭐야? 누가 요즘 그런 철 지난 모델을 쓰나? 나만 이사님한테 한 소리 들었잖아.

공감 능력이 지배하는 세상에 대비하라

주용 그렇습니까? 전달하고 제대로 된 기획안 다시 달라고 하겠습니다. (ADK 기획사에 전화를 건다.) 윤 대표님, 지난번 보내주신 광고 기획서 말이에요…. 그거 땜에 부장님한테 왕창 깨졌어요. 타겟, 컨셉, 모델 선략 다 엉망이래요.

서경 죄송합니다. 그런데 김 부장님도 너무 하시네요. 그렇게까지 말씀하실 거야 있나요? 저희가 매번 맘에 안 들게 기획한 것도 아니고 이번에도 저희 밤새가면서 작업한 건데…

주용 (당황하며) 아니, 그렇게 서운하게 생각하시지는 마시구요. 부장님도 홧김에 얘기하신 거겠죠.

서경 솔직히 예산도 너무 적은 데다가 항상 마감 시간도 촉박하고… 저 귀사하고 더는 일 못 하겠습니다. 김 부장님께는 그간 감사했다고 전해주십시오.

주용 아니, 윤 대표님, 그게 아니고. (전화가 끊겼다.) 아, 이게 뭐야. 망했다.

주용의 문제는 뭐였을까? 너무 솔직하게 전달했기 때문? 그것도 맞다. 그러나 근본적으로는 전달하는 사람의 의도와 전달받는 사람의 심정을 제대로 읽고 예측하지 못했다는 문제가 있다. 위 대화에서 광국 부장은 광고 시안 때문에 그 윗선에서 깨지고 들어온 것 같다. 그래서 홧김에 강하게 얘기했지만, 사실 정작 본인은 시안에 어느 정도 만족했을 가능성이 높다. 그렇지 않았다면 자기 선에서 거부하고 윗선에 보고하지 않았을 것이다. 다시 말하면 ADK 기획사와 거래를 끊고 싶다는 의도까지는 아니라는 얘기다. 문 차장이 이 같은 상황을 몰랐을 리가 없다. 그럼에도 들은 문장 그대로 말을 옮겨서 일을 악화시켜 버렸다.

우리 일상에서 의외로 자주 있는 일이다. 때로 우리는 누군가의 부정적인 메시지를 문자 그대로 상대에게 옮기곤 한다. 나쁜 의도가 있었다기보다는 별생각 없이 그렇게 하는 것이다. 만약 그랬다면 그 결과가 십중팔구 위와 다르지 않았을 것이다. 전달받을 사람의 기분과 그 결과를 '한 번만' 생각했다면 그렇게 아무 생각 없이 그대로 옮겼을까? 본인이 얘기를 전달받을 사람이라고 가정해 본다면 그렇게 하지 않을 것이다. 이런 상황에서 전달자가 가진 문제를 한 마디로 표현한다면 바로 '게으름'이다. 우리의 게으름이 듣는 사람 입장에서 한 번 더 생각할 시간을 갖지 못하게 만들고, 한 번 더 정리해서 전달하는 수고를 막는 것이다. 게으름을 극복하고 거기에 추가로 필요한 것이라면 약간의 '센스' 정도랄까.

광국 문 차장, ADK 기획사에서 보내온 광고 기획안 말이야… 뭐 그 따위 기획안을 보내왔대? 타겟도 안 맞고 컨셉도 엉망이고 모델 선정은 도대체 그게 뭐야? 누가 요즘 그런 철 지난 모델을 쓰나? 나만 이사님한테 한 소리 들었잖아.

주용 그렇습니까? 전달하고 제대로 된 기획안 다시 달라고 하겠습니다.

공감 능력이 지배하는 세상에 대비하라

(ADK 기획사에 전화를 건다.) 윤 대표님, 지난번 보내주신 광고 기획서 말이에요… 부장님은 나쁘지 않다고 생각하셨던 것 같은데 이사님이 맘에 안 드셨나 봐요.

서경   아, 그러셨어요? 나름 밤새가면서 노력한 건데… 하여튼 죄송합니다. 다시 한번 만들어 보겠습니다. 그런데 어떤 부분이 제일 문제였을까요?

주용   저도 자세히 전해 듣지는 못했는데, 모델 얘기를 하시는 걸로 봐서는 컨셉이 조금 올드하다고 생각하신 게 아닌가 싶습니다. 제가 이후에 좀 더 자세히 살펴보고 말씀드릴게요. 일단 기존 안들을 좀 더 요즘 스타일로 디벨롭해 주시고 새로운 기획안도 한두 개 첨가해 주시면 어떨까 싶습니다.

서경   어려운 주문이네요. 하여튼 일단 새로 작업을 좀 해보겠습니다. 차장님은 정보를 좀 더 주세요.

주용   넵! 대표님, 힘내시구요, 항상 저희 도와주셔서 감사드립니다.

서경   별말씀을요, 차장님이야말로 고생이 많으십니다.

여기서 주용은 광국과 서경 사이에서 참 현명하고 흠잡기 어려운 커뮤니케이션을 하고 있다. 하지만 과연 주용이 현명하고 지혜로운 사람이라서 이런 대화가 가능했을까? 꼭 그렇지만은 않다. 요령만 알면 누구나 구사할 수 있는 대화법이기 때문이다. 몇 가지 맥을 짚어 보자.

첫째, 무엇보다도 '전달의 목적'을 생각하라. 부정적 메시지를 전달해서 무엇을 얻고자 하는가를 잘 생각해야 한다. 여기서 그 목적은 거래를 끊는 것이 아니라, 협력 업체의 수고를 끌어내야 하는 것이다. 어쨌든 같은 금액으로 추가 일을 시켜야 하는 상황 아닌가. 그렇다면 '을이니까 당연히 해야 해'가 아니라 어떻게 하면 '을님을 잘 구슬릴까' 고민해야 하는 것이다.

둘째, 부정적 메시지를 전달하기 전에는 완충의 표현을 먼저 건네야 한다. 여기서 주용이 짧게 언급했지만 '부장님은 나쁘지 않다고 생각하셨던 것 같은데'가 바로 완충의 표현이다. 다만 그것을 거짓으로 꾸며서는 안 된다. 후에 역효과가 날 수 있기 때문이다. 삼자대면 상황에서 '당신이 그렇게 얘기하지 않았느냐'라는 대사와 녹취록이 날아올 수 있다. 그러므로 거짓은 절대 금물이다. 그러나 사실에 기댄 약간의 과장은 가능하다. 어쨌든 상대의 기분을 최악으로 치닫지 않게 할 필요가 있다.

셋째, 부정적 메시지를 전달할 때는 어느 정도 그 메시지가 나온 과정도 함께 전달하는 것이 좋다. 즉, 부장님은 나쁘지 않게 생각했지만, 이사님이 맘에 안 들었다… 이게 핵심 과정이다. 어떤 사람은 그렇게 얘기할 수도 있다. 회사든 가정이든 내부 일을 이렇게 자세히 설명하는 건 아닌 것 같다고. 그러나 때로는 이렇게 내부의 일을 공유함으로써 동지가 되는 것이다. 그것이 조직의 위신이 걸린 일이나 기밀이 아니라면 공유해서 동지가 되는 쪽을 택하라고 말하고 싶다. 다만 나중에 문제가 될 수 있는 내용인지는 잘 판단해서.

넷째, 화자의 의도를 잘 파악하고 그 중 핵심만 조금 순화시켜서 우선 말한 후, 시간차를 두고 자세한 내용을 전달하는 것이 좋다. 여기서도 김 부장은 타겟, 컨셉, 모델 등을 언급했으나, 문 차장은 그중 가장 핵심이라고 생각한 컨셉을 중심으로 모델을 부수적으로 언급하는 정도로 전달했다. 부정적 메시지를 두고 그것을 순화시키는 방법을 고민해야 한다. 여기에는 약간의 테크닉도 필요하고 지혜도 필요할 수 있다. 그러나 성의와 시간을 들여 고민하면 누구나 할 수 있는 일이다. 우선 핵심 메시지 하나만 순화시켜서 전달하는 방법을 고민해 보자. 나머지는 차차 전달하면 된다. 그게 현명하다.

많은 사람이 남에게 싫은 소리하는 것을 꺼린다. 그러니 남의 싫은 소리를 제3자에게 전달하는 것은 더 꺼려질 듯하다. 내 이야기도 아닌데 부정적 메시지를 들고 가서 전달하는 것만큼 짜증 나는 일이 있을까? 그러나 피할 수 없으면 즐기라고 했다. 부정적 메시지를 전달하면서 즐긴다는 것은 그 메시지의 의미는 전달하고 감정은 순화시켜서 전달의 목적을 달성하는 것이다. 어려운 미션을 성공시키는 쾌감을 즐겨보자는 것이다. 그리 어렵지 않다. 게으름을 이겨내고 머리를 조금만 굴리는 '성의'와 '노력'이 있다면 말이다. 그렇다고 부정적 메시지를 전달하는 일을 너무 좋아하지는 말자. 자칫 사디스트로 오해받기에 십상이니까.

전령 장군, 방금 가나다 성의 전투 결과를 전해드리고자 온 전령입니다.

장군 그래, 어떻게 되었느냐. 빨리 이야기해 보거라.

전령 가나다 성의 김 장군을 비롯한 모든 병력이 최선을 다해 싸웠고, 거의 비등한 호각지세로 한때 승전도 가능할 것 같았으나, 적의 병력이 월등히 많아 마지막 순간에 안타깝게 가나다 성이 함락되고 말았습니다.

장군 뭐라?

전령 소신도 그 자리에서 함께 목을 던지고 싶었으나 한시라도 빨리 이 소식을 전해 우리 군이 빠르게 반격을 준비하도록 하고 그 반격의 군사에 합세해 선봉에서 죽음을 맞는 것이 우리 군에 새털만큼이나마 도움이 될 듯하여 숨을 쉬지 않고 달려왔나이다.

장군 참으로 안타까운 일이로고. 일단 물러가고 반격의 전투에 합세하도록 하라.

전령 소신, 이번 전투에 목숨을 바치겠나이다.

공감 능력이 지배하는 세상에 대비하라

(첫 만남을 위한)
세상 트랜드 따라잡기

사회생활을 하다 보면 늘 새로운 사람을 만나게 된다. 그것이 비즈니스 때문이든, 친목적인 만남이든 새로운 사람 만나는 것을 피하기는 어렵다. 새로운 사람 만나는 것을 즐기는 이들도 있지만, 대부분의 사람은 크든 작든 어느 정도의 스트레스를 받게 된다. 스트레스를 느끼는 요인도 사람마다 천차만별이겠지만, 많은 경우 생면부지의 사람을 만나서 무슨 얘기를 해야 하나 하는 점이 큰 비중을 차지할 것이다.

모르는 사람을 처음 만났을 때는 무슨 얘기를 해야 하는 것일까? 아마도 가장 좋은 것은 서로의 공동 관심사, 취미 등을 이야기하는 것이라고 생각한다. 그래서 일반적으로 사람을 처음 만나게 되면 이런저런 인사를 하면서 공동 관심사를 모색하곤 한다. 그러다가 공동 관심사가 적거나 없다 싶으면 방향을 바꿔 서로 공통으로 아는 사람을 탐색한다. 고향, 학교, 직장 등등을 총동원하면서… 그런데 그런 부분에서도 이어지는 연결 고리가 없다면? 실제 그런 경우들이 종종 있을 수 있다. 그런 경우 우리는 보통 유행하는 것, 혹은 화제가 되는 사건이나 콘텐츠를 끄집어낸다.

바로 이 지점을 주목해야 한다. 화제, 유행… 여기서도 연결점이 없다면? 즉 이런 부분에 무지하거나 무관심하면 어떻게 될까? 뻔하다. 관계 퇴출이다. 공동 관심사도 없고 공통으로 아는 사람도 없는 상황에서 화제 얘기마저 할 수 없다면 무슨 얘기를 해야 할까? 비즈니스 관계라면 그냥 거래 얘기만 하고 헤어지면 그만이긴 하다. 그렇지만 그런 사람이 사회적으로 높은 몸값을 기대할 수 있을까? 상식적으로 당연히 불가능하다.

지금 하고자 하는 얘기는 바로 이 얘기다. 우리가 우리 몸값을 높이기 위해서 필요로 하는 또하나의 필수 항목… '트렌드 혹은 최신 화제 캐치하기'.

준표　부장님, 운동 좋아하십니까?

동훈　네, 축구랑 야구 무척 좋아합니다.

준표　하하. 골프 말씀드린 겁니다.

동훈　아~ 제가 골프는 안 치네요.

준표 그러시군요. 혹시 취미가 어떻게 되시나요?

동훈 전 스포츠 중계 보는 게 최애 취미입니다.

준표 아, 네…

동훈 상무님은 고향이 어느 쪽이세요?

준표 전 광주입니다.

동훈 아, 그러세요? 사투리를 전혀 안 쓰셔서 전 서울인 줄 알았습니다.

준표 하하, 전 광주에서 고등학교까지 나왔습니다. 대학 진학하면서 서울로 왔지요.

동훈 그러시군요. 대학은요?

준표 한양대 나왔습니다. 부장님은요?

동훈 전 연대 나왔습니다.

준표 네…

동훈 그나저나 최근 영화 〈파묘〉가 천만을 넘었다던데 혹시 보셨어요?

준표 아, 네! 하하하! 김고은 연기가 죽이던데요?

동훈 그렇죠. 눈빛 연기가 섬찟하더라구요.

준표 맞아요. 하하하…

마침내 둘이 함께 얘기할 거리를 찾은 듯하다. 다행이다. 나도 조마조마했다. 저들도 다행이라는 마음이 들어서인지 신이 났다. 그런데 이 시점에 만약 준표가 〈파묘〉를 안 봤다면 어땠을까? 아마 다른 얘깃거리를 찾아서 한참을 빙빙 돌다가 결국은 서로 안 맞는다고 생각하고 상대에 대한 관심을 끊지 않았을까? 바로 이 부분에 주목해야 한다. 새로운 사람을 만났을 때 자주 상용되는 얘깃거리는 최근의 유행, 최신 화젯거리, 트렌드이다. 아니 이것은 어쩌면 최후의 보루인지도 모르겠다. 만약 여기서마저 얘기가 이어지지 않는다면 첫 만남을 원활히 끌고 가기 어려울 테니까 말이다.

최신 트렌드, 유행, 화젯거리 등을 놓치지 않으려면 어떻게 해야 하는 걸까? 매일 네이버를 들여다보고 있어야 할까? 트렌드나 뉴스에 민감한 직업이 아니라면 그럴 필요까지야 없을 것이다. 그렇다 해도 약간의 노력은 필요하다.

첫째, 국내외 주요 뉴스 정도는 트래킹하고 있어야 하겠다. 최근에는 SNS나 유튜브를 통해 새로운 소식을 얻는 사람들이 꽤 있다. 그렇게 뉴스를 얻을 경우 문제점이 하나 있다. AI 알고리즘이 내가 평소 관심을 가졌던 내용들만 올려줄 것이고 SNS에도 관심사가 비슷한 사람들이 링크돼 있을 가능성이 크기 때문에 '제너럴 한' 뉴스를 얻는 데는 한계가 생기게 된다.

트렌드, 유행, 화젯거리라는 것은 내가 관심없는 분야일지라도 발생하기 마련이고 남들과 원활한 대화를 하려면 관심 없는 분야에서도 적어도 맞장구를 칠 수 있을 정도는 정보가 업데이트 돼 있어야 한다. 그러려면 알고리즘에 의한 편집이 아니라 누

공감 능력이 지배하는 세상에 대비하라

군가가 '정치, 경치, 사회, 문화 전반의 주요뉴스를 걸러서 모아 놓은 것'을 마주할 필요가 있다. 이를 위해서 매일 혹은 일주일에 5일 정도는 TV 뉴스를 한 시간쯤 보든지 신문을 하나쯤 최소한 제목만이라도 완독하든지 하는 것을 권한다. 나의 경우 지난 20여 년간 방송 뉴스 프로그램을 매일 하나 내지 두 개씩 봐 왔다. 직업적인 이유도 있었지만, 적어도 누가 어떤 이슈를 얘기해도 아는 척할 수 있는 수준을 유지하기 위해서이다.

둘째, 천만 관객이 가까워졌다고 하는 영화, 시청률이 20%에 육박했다고 하는 드라마, 주변에서 세 명 이상이 언급하는 콘텐츠는 반드시 찾아서 볼 필요가 있다. 이런 콘텐츠들은 당연히 자주 사람들의 입에 오르내리는 소재이고 모르고 있으면 어딘지 사회에서 뒤처져 있는 사람 같은 이미지를 줄 수 있는 함정이기도 하다. 때로는 '난 드라마나 영화 보는 게 딱 질색'이라고 말하는 사람들도 간혹 있다. 그런데 사람들과 화제를 맞춘다는 것은 다른 사람들의 관심사에 내가 접근해야 가능한 것이지, 내 관심사에 다른 사람들을 따라오라고 강요하는 행위로는 한계가 있다는 점을 기억하면 좋겠다. 더군다나 처음 만나는 사람과의 대화라면 더욱 그렇지 않을까? 그러니 화제가 되는 콘텐츠들 정도는 평소 즐기지 않더라도 시간을 내서 소비하는 것이 결코 손해가 되지는 않을 것으로 생각한다.

셋째, 각종 광고를 가능하면 피하지 않는 것이 좋겠다. 광고라는 것은 누군가의 일방적인 주장이고 대부분 상품을 팔기 위한 도구이지만, 그 안에 지금 현시대의 최신 트렌드가 총체적으로 녹여져 있는 콘텐츠이기도 하다. 일련의 광고를 보다 보면 요즘 사람들, 특히 젊은 사람들의 관심사가 무엇이고 어떤 스타일이 유행하고 있는지 한눈에 파악할 수 있다. 단순히 패션이나 유행하는 아이템을 넘어 사회의 주도적인 철학이나 생활 양식을 자연스럽게 읽을 수 있는 방법이기도 하다. 따라서 최신 트렌드를 놓치지 않으려 한다면 각종 온라인이나 방송, 옥외 광고들을 조금은 적극적으로 관찰할 필요가 있다. 기업들이나 지자체들이 비교적 큰돈을 들이고 엄선해서 보여주고자 하는 그림과 내용이 무엇인지 파악하는 것은 특히 우리의 '몸값론'에서는 무엇보다 중요한 일일지도 모른다.

넷째, 귀찮더라도 SNS 하나 정도는 가끔이라도 활동을 하는 것이 좋다. 뉴스, 유행하는 콘텐츠, 광고 등을 통해 우리 사회의 거시적인 모습을 볼 수 있다면 SNS로는 우리의 일상, 주변 사람들의 생활상을 읽을 수 있다. 개개인들이 올리는 음식이나 여행지, 패션 아이템 같은 것들을 지켜보고 있노라면 우선은 요즘 어떤 것들이 유행하고 있는지도 파악할 기회가 된다. 많이 올라오는 아이템이 곧 유행하는 아이템일 것이다. 그런데 나의 경우 SNS를 통해 같은 시대 사람들의 집단적인 '욕구', '가치'를 읽곤 한다.

사람들은 SNS에 남들에게 보여주고 싶은 내용들을 올린다. 스스로 관심이 없거나 남들에게 숨기기 싫은 부분은 당연히 올리지 않는다. 이것을 다르게 해석하면 본인의 '지향점'을 올린다는 얘기이다. 이 같은 사람들이 향하고자 하는 지향점, 보여주고자 하는 아이템을 모으고 극대화하면 동시대 사람들의 '집단 욕구'를 읽을 수가 있다. 즉 사람들이 어떤 음식을 먹고 싶어 하고 어떤 여행지를 가고 싶어 하는지, 어떤 분야에 관심이 많고 일상에서 무슨 일을 하고 있는지를 보다 보면 지금 사회가 지향하는 가치를 자연스럽게 파악할 수 있게 된다는 말이다.

사회가 지향하는 가치를 읽을 수 있으면 앞에서 이야기한 것들과 서로 상승효과를 발휘한다. 뉴스나 각종 콘텐츠, 광고 등을 해석할 수 있게 되고 대중의 관심사 측면에서 논의할 수 있게 된다. 같은 사안도 보는 시각과 방향에 따라서 해석도 논의점도 달라지기 때문에 동시대 사람들의 SNS를 관찰함으로써 이야기의 실마리를 풀어갈 수 있게 되는 것이다. 물론 앞의 콘텐츠들만으로도 충분히 화젯거리를 확보할 수 있겠지만 SNS로 사람들과 공유하고 공감하다 보면 앞에서 일방적으로 얻어진 내용들을 남들도 공감할 수 있는 방향으로 풀어나갈 수 있게 되니까 훨씬 좋지 않을까?

새로운 사람을 만나기 위해서 평소에 이렇게 많은 준비를 해야 하나? 라고 생각하는 독자도 있겠다. 그런데 눈치 빠른 분들은 이미 간파했겠지만, 이것은 단순히 새로운 사람과의 대화를 잘 끌어가기 위한 것만은 아니다. 이러한 과정을 통해서 처음 만나는 사람들은 물론, 주변 사람들과의 대화를 원활히 이어갈 수 있고 더 나아가 그들과의 관계까지도 개선할 수 있을 것이다.

정기적으로 방송 뉴스나 신문을 보고 대박난 콘텐츠들을 소비하고 광고를 적극적으로 관찰하고 SNS를 생활의 일부로 받아들이는 행위는 이 책의 주제인 '몸값을 높이는 비결'의 핵심 중의 핵심일 것이다. 만약 행하고 있지 않는 항목이 있다면 지금이라도 적극적으로 챙겨보길 권유한다. 습관화되고 일정 시간이 지나면 무언가 크게 달라진 내일이 당신을 기다리고 있을 것이다.

공감 능력이 지배하는 세상에 대비하라

책을 읽자

아! 이 무슨 고리타분한 선사 시대적 얘기야! 하는 아우성과 하품 소리가 여기저기서 터져 나오는 것이 보인다. 밀레니엄하고도 20여 년이 훌쩍 지나버린 이 시대에 책이라니… 충분히 이해한다. 그런데 이번만큼은 꼭 들어줬으면 좋겠다. 어쩌면 지금까지 그리고 앞으로 얘기할 모든 얘기 중 가장 중요한 주제일지도 모른다. 아니, 단연코 가장 중요한 주제라고 생각한다.

우리가 살아가면서 지식과 지혜를 얻게 되는 경로는 수도 없이 많다. 더군다나 2000년 이후부터는 인터넷과 그를 바탕으로 하는 수많은 도구가 우리에게 무수히 많은 정보를 그야말로 '던져대고' 있다. 그리고 검색만 하면 웬만한 정보는 아주 쉽게 찾을 수 있는 세상이다. 이런 환경에서 책을 읽자고?

그런데 지금 언급한 문장을 다시 한번 들여다보자. 우리에게 무수히 많은 정보가 쏟아지고 있고 검색하면 어떤 정보든 쉽게 찾을 수 있는 세상… 여기에 바로 맹점이 있다. 자신을 들여다보라. 어떤 정보가 의미 있는 것이고 어떤 것이 쓸데없는 정보인지 골라낼 수 있는 분별력이 준비 돼 있는가? 그리고 무엇을 검색해야 하는 것인지 맥락과 문맥을 파악하는 능력이 갖춰져 있는가? 이 분별력과 맥락 파악 능력은 어디서부터 얻어야 하는 것인가? 학교 교육에서? 부모로부터? 아니면 유튜브???

장원 여러분, 책을 많이 읽어야 인정받는 사람이 될 수 있습니다.

세연 선생님, 저는 책을 많이 읽을 필요가 없다고 생각합니다.

장원 세연양, 왜 그렇게 생각하죠?

세연 인터넷이나 유튜브에 검색하면 다 나오는데 굳이 책을 읽을 필요가 없을 것 같습니다.

장원 그런 내용들이 맞는지 틀렸는지 어떻게 검증할 수 있을까요?

세연 음… AI를 활용하면 됩니다.

장원 AI를 전적으로 신뢰할 수 있을까요? AI도 거짓말을 한다는 걸로 입증됐는데…

세연 그럼, 다른 AI로 그 AI를 검증하면 됩니다.

장원 그러느니 그냥 책을 읽는 게 낫지 않을까요?

공감 능력이 지배하는 세상에 대비하라

지식을 이야기할 때 사람들이 잘 모르는 내용이 있다. 데이터, 정보, 지식, 메타지식, 지혜, 통찰력을 구분하지 못하는 것이다. 데이터는 그냥 단편적인 사실이나 값을 이야기한다. 이를 활용할 수 있도록 조직하고 처리한 것이 정보이다. 지식은 정보를 경험과 결합해서 결정을 내리는데 유용하도록 가공한 것이다. 메타지식은 지식을 활용하는 방법, 한계 등을 말한다. 즉 지식의 지식이 메타지식이다. 지혜는 데이터, 정보, 지식, 메타지식, 개인적 경험 등을 총동원해서 합리적인 결정을 내릴 수 있도록 발전시킨 능력을 말한다. 통찰력은 지혜를 바탕으로 현상을 꿰뚫어 보거나 나아가 미래를 예측할 수 있는 역량이다.

검색을 통하면 데이터나 정보는 얻을 수가 있다. 하지만 지식 수준에 도달하기는 어렵고 메타지식이나 지혜, 통찰력을 얻는 것은 불가능하다. 책을 읽어야 하는 이유가 바로 이것이다. 우리는 책을 읽는 과정에서 지식이나 메타지식을 얻을 수 있다. 그리고 때로는 자신의 과거 경험 등과 결합해서 지혜를 얻을 수도 있다. 지혜가 누적되면 통찰력이 생긴다. 그러므로 책을 읽지 않는 사람과 꾸준히 책을 읽는 사람이 일정 시간이 지나 엄청난 차이를 보일 수밖에 없는 것은 자명하다. 지혜나 통찰력을 가진 사람과 그렇지 못한 사람은 어른과 미취학 아동의 차이만큼이나 세상을 분별하고 이해하는 수준이 다른 것이다. 몸값에서 큰 차이가 나게 되는 것은 더 말할 필요도 없을 것이다.

나는 운이 좋았다. 30대 초반에 책을 읽지 않을 수 없는 환경에 놓였었다. 우선 회사 CEO가 팀장들을 대상으로 운영하는 북클럽이 있었다. 매달 주어지는 책을 읽고 서로 토의하는 그런 모임이었다. 이 때문에 한 달에 한 권은 필수적으로 책을 읽어야만 했다. (요즘은 회사 북클럽도 갑질이라고 하는 의견도 있다고 한다. 일과 외 시간에 무언가를 하도록 강요하기 때문이란다. 이해는 가지만 '오호통재로다' 하는 탄식이 절로 나온다.) 그리고 당시 내 직속 상사가 운영하는 북클럽이 또 별도로 있었다. 결국 합쳐서 한 달에 2, 3권의 책을 반드시 읽어야만 하는 환경이 됐다. 바쁜 직장인으로서는 상당히 부담되는 숫자였다.

그런데 이런 생활이 1년 정도 반복되자, 이제는 지정된 책 이외에도 자발적으로 더 많은 책을 사고 읽게 됐다. 심지어 책에 대한 욕심까지 생겼다. 다 읽지 못하면서 책을 마구 사들일 정도로… 이렇게 된 것은 그야말로 습관의 힘이고 자각의 힘이다. 많은 책을 읽다 보니, 책을 읽는다는 것이 나의 발전에 얼마나 큰 도움이 되는지를 깨닫게 됐기 때문이다. 결과적으로 30대 그리고 40대 초중반까지 10여 년의 기간 동안 400권이 넘는 책을 읽게 됐다. 400권이 많은 건가? 하고 생각하시는 분도 있겠지만 사회생활을 좀 경험하고 어른이 돼서 읽는 400권의 책은 얻는 것과 그 임팩트가 매우 크다. (단, 이번 논의에서 가벼운 소설류는 제외하는 게 맞겠다.) 하여튼 그 효과는 엄청난 것이었지만 말로 설명하기는 참 어렵다. 스스로 지혜와 통찰력을 많이 얻었다고 하면 너무 주관적인 데다가 한편으로는 민망하기도 하고… 어쨌든 이건 스스로 경험해 보지 않으면 공감하기 어려운 영역이다.

지식과 지혜에 관해서도 얘기했고 개인적인 경험도 이야기했다. 그럼에도 책을 많이 읽어야겠다는 생각이 들지 않는다면 내 설득 능력의 한계일 것이다. 또한 보여주기 어려운 영역이라 안타깝다고 말할 수밖에 없겠다. 하여튼 그럼에도 결론은 무조건적이다. 책을 많이 읽자. 내 몸값에 그대로 반영될 것이다. 그리고 값을 매길 수 없는 소중한 가치들을 얻게 될 것이다.

투자와 본업

주변을 둘러보면 요즘 20~30대들은 재테크에 매우 관심이 많은 듯하다. 특히 코인이나 주식 투자를 하지 않는 사람이 거의 없다 해도 과언이 아니다. 너도나도 코인이나 주식으로 몰려드니, 이른바 재테크의 시대라 말해도 문제가 없을 것 같다.

이 같은 재테크가 옳다 그르다 정답을 얻기는 매우 힘들다. 실제 어떤 사람은 재테크를 통해 큰돈을 벌기도 하고 또 어떤 사람은 엄청난 빚을 지기도 하니, 재테크 자체에는 죄가 없다고나 할까? 그러니 이번 이야기가 재테크를 하라, 하지 말라에 관한 이야기는 아니다. 아니, 그런 얘기를 하는 건 주제넘은 행위일 수 있다. 다만 재테크와 관련해서 직장 생활을 이제 막 시작한 20~30대들은 들어두면 도움이 될 만한 이야기가 하나 있다.

공감 능력이 지배하는 세상에 대비하라

내가 30대 초반이었을 때, 주식 투자에 큰 열풍이 불었다. IT 기업들의 주식을 중심으로 투자 광풍이 분 것이다. 나도 유행따라 주식 투자를 시작했다. 당시는 주식 투자를 한다고 하면 대게 단타를 치는 사람들이 대부분이었다. 나 역시 그 분위기를 따랐다. 하루에도 몇 번씩 주식을 사고파는 그런 투자 방식이었다. 그러다 보니 수시로 주식 트레이딩 앱을 들여다보고 주식을 사고팔고 했다. 나름 일에 방해가 안 되게 한다고 했지만 그게 가능할리 없다. 이런 생활이 지속되자, 어느 순간 일이 뒷전으로 밀리는 일들이 생기곤 했다.

그러던 어느 날 작은 사고가 터졌다. 꼭 해야 하는 일을 놓친 것이다. 신경이 엉뚱한 데 가 있으니, 언제고 한 번은 일어날 수밖에 없는 사고였다. 문제를 수습하면서 냉정하게 생각을 해봤다. 내가 지금 잘하고 있는 걸까? 과연 내가 이런 주식 거래를 통해서 얼마나 벌 수 있을까? 연봉 이상을 벌 수 있나? 주식 거래로 벌 수 있는 돈이 많을까, 일을 잘해서 승진해서 벌 수 있는 돈이 많을까? 생각이 여기에 미치자, 결론은 분명했다. 주식 거래를 아무리 잘해봐야 연봉 인상 수준으로 돈을 벌 리가 없다고 생각했다. 아니, 주식은 자칫 돈을 잃을 가능성도 크니, 일보다 주식 거래에 집중하는 것은 바보 같은 일이라는 생각을 하게 됐다.

결국 나는 주식 단타 거래를 중단하고 우량주를 사서 일 년에 한두 번씩만 거래하는 중기 거래로 전환했다. 그리고는 일에 집중했다. 어쨌든 그 이후로 계속 승진하고 임원까지 됐으니, 당시의 선택은 옳았다고 봐야 할 것 같다.

앞에서도 언급했듯이 최근 많은 20~30대들이 재테크에 큰 관심을 보이고 있고 특히 주식이나 코인 거래에 매진하고 있는 사람들이 적지 않은 듯하다. 그런 사람들은 나의 사례를 보면서 한번 생각해 보길 바란다. 주식이나 코인 거래에 몰두하는 것이 과연 본인의 인생에 얼마나 도움이 될 것인가? 그 시간에 일에 몰두했을 때 얻는 것이 더 많지 않을까? 하고…

인호 주식 거래할 때는 차트를 읽으면서 사고파는 게 정말 중요해.

용국 알지만 너무 어렵고 복잡해서 말이야.

인호 무엇보다 매물대를 잘 봐야 해. 매물대가 잔뜩 쌓여 있으면 뚫고 올라가기가 어렵거든.

용국 그래? 그거 공부 좀 해봐야겠다.

인호 그리고 거래량도 잘 봐. 거래량이 작은 주식은 아무래도 상승이 쉽지 않아. 거래량이 터졌을 때 거래하는 게 좋다는 건 상식이다.

용국 그래? 그리고 또 뭘 보면 좋을까?

인호 이동평균선을 잘 봐야지. 5일선이 20일선을 뚫고 올라가는지, 또 60일 선까지 뚫으면 크게 올라갈 가능성이 높아.

용국 이야~ 너 주식에 대해서 많이 아는구나? 박사네, 박사!

인호 하하, 뭐 이 정도 가지고…

공감 능력이 지배하는 세상에 대비하라

용국	그나저나 그래서 지금까지 주식으로 얼마나 벌었어?
인호	어? 어…
용국	왜? 너무 많이 벌어서 계산이 안 되는 거야? 대단하네…
인호	아니, 몇 번 크게 물린 세 있어서… 아직은 마이너스네… 히히.
용국	뭐? 참나…

친구 중에 투자에 대한, 특히 주식 분야에 관한 재야 고수가 한 명 있다. 그 친구는 선물, 옵션도 거래하고 해외 주식, 지수 투자 등 거의 모든 거래에 능통하다. 거래 시기적으로도 단타도 하고 장타도 한다. 차트 거래는 물론이고 가치 투자, 거시 경제에 따른 투자 등 거의 모든 투자 기법을 다 활용한다. 이 친구가 돈을 얼마나 벌었을까? 저 대화 속 용국처럼 예전에 한 번 물어본 적이 있다. 본인도 정확한 금액은 계산 해보지 않았지만, 최소 5억은 날려 먹었다고 한다. 맙소사…

투자란 것은 그런 것이다. 잘 안다고 해서 다 성공할 수 있는 것도 아니고 거래를 자주 하거나 시간 투자를 많이 했다고 해서 반드시 돈을 많이 벌 수 있는 것도 아니다. 어쩌면 그냥 모두가 인정하는 그런 좋은 회사의 주식을 쌀 때 사서 한 10년쯤 보유하는 식의 투자가 결과적으로 훨씬 성공적일 지도 모른다.

그렇다고 투자하지 말라는 얘기가 아니다. 그보다는 투자하는 것이 경제적인 시각도 얻게 되고 세상 돌아가는 것을 알고자 하는 동기를 얻게 된다는 점에서 긍정적일 가능성이 높다. 이 복잡한 세상을 살아가면서 그런 것들을 전혀 모르고 살아가는 사람이 높은 몸값을 기대하기는 어려울 것이다.

그러나, 재테크에 너무 많은 시간을, 특히 근무 시간에 재테크에 몰두하는 것은 도덕적인 문제는 차치하고라도 실질적으로도 본인에게 도움이 되지 않을 가능성이 크다. 아니 오히려 해가될 가능성이 크다고 본다. 본업에 집중하기 어려울 테니까. 지금하는 일에 집중하고 그 분야에서 전문가로 성장하거나 회사에서 인정받아 여러 가지 일을 경험하며 경영자의 길을 걷는 것이 훨씬 현명하다고 생각한다. 재테크 전문가로, 혹은 전업 투자자로 직업을 바꾸고자 하는 상황이 아니라면 말이다.

옛말에 그런 말이 있다. 돈을 따라다니면 안 된다고… 돈이 따라오게 만들어야 한다고… 예전에는 그 말이 무슨 말인지 정확히 이해하기가 어려웠다. 하지만 이제는 무슨 말인지 조금은 알 것 같다. 이 얘기는 바로 이 책의 주제와 같은 뜻을 가지고 있다. 눈앞에 보이는 이익이나 사소한 가치에 눈을 돌리지 말고 내적인 성장을 도모하고 본인이 하는 일에서의 실력을 키워서 근본적으로 자신의 몸값 자체를 높이라는 것. 특히나 20~30대에는 어떻게 사느냐가 10여 년 뒤 자신의 몸값을 결정하게 된다. 사람마다 결정된 몸값은 천차만별일 것이다. 이런 원리를 깨닫지 못하고 당장 눈앞에 보이는 이익을 위해 일보다 재테크에 '몰빵'

공감 능력이 지배하는 세상에 대비하라

한다든지 하는 것은 결과적으로 자신의 잠재 몸값을 낮추는 결과로 이어질 것이다. 이것이 바로 오늘의 결론이자, 이 책의 결론이다.

AI 시대,
어떤 직업을 택해야 할까?

　이 책이 이른바 '몸값'에 대한 책이니, 직업 선택 얘기가 빠질 수는 없겠다. 하지만 서론에서 언급했듯이 이 책은 서론에서 얘기한 '신발 끈 묶기'처럼 '사소해 보이지만 결과적으로 큰 차이를 내는 요인'들을 다루는 책이라는 것을 고려할 때, 너무 중심부로 쑥 들어가는 게 아닌가 하는 느낌이 들긴 한다. 직업 선택은 사실 그 자체로 몸값을 결정하는 키 변인이 될 가능성이 크고 절대 사소한 요인이라고 보기 어려우니까. 하여튼 이번 글은 직업을 처음 선택하는 사람부터 바꾸려는 사람, 그리고 현 직장 은퇴 후 노후 직업을 고민하는 사람들까지 모든 사람에 해당하는 내용이다.

　2020년대 들어 과거와는 다르게 우리가 직업 선택에 있어 반드시 고려해야 하는 변수가 있다. 그것은 AI와 로봇 기술이다. 2020년대 들어 AI와 로봇 기술은 매우 빠르게 인간들의 일과 직업을 대체해 나가고 있다. 주변만 둘러봐도 이미 많은 커피숍과 식당들이 수문부터 서빙, 그리고 심지어 고객관리끼지 AI와 로봇 기술을 도입하고 있다. 물리적으로 큰 노동력이 있어야 하는 공장이나 농사 현장은 말할 것도 없고 정밀한 기술이 필요한 실험실이나 수술실 또한 빠른 속도로 AI와 로봇 기술이 인간을 대체해 나가고 있다. 전문직 또한 빠른 속도로 대체해 가고 있다. 최근 들은 바에 의하면 어떤 법무법인은 8명의 변호사가 하던 일을 AI 하나와 2명의 변호사가 하고 있다고 한다. 6명의 변호사를 하나의 AI로 대체한 것이다. 몸값이 높은 직업일수록 AI 대체가 더 빨리 이뤄질 가능성이 높을 것이다.

그렇다면 우리는 어떤 직업을 택해야 안정적인 고용을 기대할 수 있을까? 흔히들 이런 얘기를 하면 인간 정서와 연관된 감정 노동을 많이들 언급한다. 그러나 그것은 절반의 정답이라고 본다. 예를 들어보자. 과거에는 고객 상담원 같은 감정 노동은 AI가 인간의 정서를 이해하기 어렵기 때문에 인간을 대체할 수 없을 것이라고 생각해왔다. 그러나 어떤가? 이미 많은 현장에서 AI가 인간을 대체해 가고 있다. 이것이 가능한 이유는 AI가 인간 고객들 정서에 잘 맞출 수 있기 때문이 아니라, 고객들이 AI의 환경에 적응해 나가고 있기 때문이다. 이미 AI 상담원이 대세가 된 상황에서 불만이 있어 봐야 어쩔 도리가 없는 것이다. 기업들 처지에서는 이미 AI 상담원이 대세가 된 마당에 그것을 확대했으면 했지, 굳이 고비용에 때로는 다루기도 힘든 인간 상담원을 고집할 이유가 전혀 없다. 절대적으로 고객에 맞춰야 하는 VVIP 응대 등 특별한 경우가 아니라면 말이다.

또한 AI가 더 발전하면 인간의 정서적 반응을 '흉내' 낼 수 있을 것이라는 예측도 있다. AI가 인간의 정서나 감정을 이해할 수 없다 해도 어떤 상황과 그에 따른 반응을 학습하고 흉내 냄으로써 마치 AI가 감정을 가진 것처럼 보일 수도 있는 것이다. 가진 것처럼 보이는 것만으로도 간단한 감정 노동 자리는 얼마든지 대체가 가능하리라 본다.

자, 그럼 어떤 직업이 AI와 로봇으로 대체 불가능한 직업이 될까? 지금 20살 전후의 사람들까지 고려하면 적어도 50년간은 대체가 어려운 직업 말이다. AI나 로봇이 대체할 수 없는 직업 혹은 대체해도 여전히 인간이 많이 필요한 직업은 크게 세 가지 유형이 있다고 본다. 그 한 가지는 AI나 로봇과 관련된 전문적인 직업들이다. 이 분야의 프로그래머, 수리 기술자, 고도화를 이끄는 사람들… 이 직업은 AI와 로봇이 발전하면 할수록 더욱 일이 많아질 수밖에 없는 영역이다. 그리고 일정 수준 이상의 전문가들만이 살아남을 것이다. 이 영역에서도 간단한 영역은 AI나 로봇이 빠르게 인간을 대체해 갈 테니까.

또 하나의 유형은 앞에서 언급한 인간 정서에 대한 이해와 직업적 전문성을 결합한 영역이다. 예를 들어 신경정신과 의사, 이혼 전문 변호사, 미술품 감정평가사, 정치인 등을 들 수 있다. 육성에 5년 이상이 걸리는 전문가 영역에서 인간의 감정과 정서를 다루는 직업… 그러한 분야는 상대적으로 오랫동안 인간이 영역을 넘기지 않게 돼 있다. 그 이유를 짚어보자.

앞에서 언급한 것과 같은 고객 상담원 역시 인간 정서에 대한 이해 때문에 AI가 잘하기 어려운 직업이다. 하지만 언급했듯이 흉내를 내거나 반대로 그 부분이 무시될 수도 있는 직업이기도 하다. 무시해도 그만이기 때문이 아니라 무시한다고 해도 큰 탈이 나지 않기 때문이다. 비대면, 무접촉의 시대이니 고객들이 불만이 있다고 해도 감수할 수밖에 없는 상황이라고나 할까?

그러나 전문적인 영역, 즉 고객들이 상대적으로 고비용을 지불해야 하는 영역에서는 고객 정서에 맞추는 요소를 무시할 수가 없다. 무시하면 다른 사람이나 서비스를 찾아갈 테니까… 따라서 전문성과 인간 정서가 결합된 직업은 앞으로도 오랫동안, 최소 50년은 살아남을 수 있다고 예상할 수 있다. 물론, 이 같은 예측은 AI가 인간 정서를 이해하거나 인간 감정에 공감하기 어렵다는 전제가 깔려 있다. 만약 AI가 인간 정서 측면으로도 고도화 돼서 AI가 인간에 공감하고 인간 역시 AI에 충분히 공감하게 되는 상황이 된다면 앞에서 예를 든 어떤 직업들도 안전하다고 보기 어려울 것이다.

세 번째는 조금 어렵다. 학자들에 의하면 AI가 절대로 할 수 없는 것은 '경험'이라고 한다. 경험이라는 것은 자아가 있고 그 자아가 감각을 통해 무언가를 '느끼는' 것이다. 즉, 경험이라는 것이 가능해지려면 일단은 자신에 대한 자아의식을 가져야 한다. 자아의식을 갖기 위해서는 하나의 육체적인 완전체를 이루고 있어야 하고 물리적 정신적으로 결합한 '자신'이라는 하나의 통합체를 인지해야 한다. 육체가 없는 인공지능이 자아의식을 갖기 어려운 이유이다. 또한 경험할 수 있으려면 감각을 통해 '느낄 수' 있어야 한다. 느낌이라는 것은 인간의 감각이 과거의 경험과 결합하여 생성되는 주관적인 심상이다. 이에 역시 경험이 불가능한 AI는 느낌이라는 개념을 생성할 수 없게 된다. 따라서 '경험'과 '느낌'의 영역에 있는 직업들은 상대적으로 오랫동안 AI로부터 안전할 가능성이 높다.

예를 들어 소믈리에가 그런 것이다. 소믈리에는 와인의 맛과 느낌을 나름의 경험과 결합해서 평가하고 고객들에게 TPO에 맞게 와인을 권해주는 직업이다. 즉 경험을 전달하는 직업이다. 이에 상대적으로 오래 유지될 가능성이 크다. 경험의 주체를 달리하면 스포츠맨도 경험의 직업이다. 스포츠맨들은 관객들이 경험할 수 있도록 돕는 직업이다. 자신들의 퍼포먼스를 통해 관객들로 하여금 희로애락을 느낄 수 있도록 하는 것이다. 누군가는 휴

머노이드 로봇이 스포츠맨을 대체할 수 있지 않냐고 반문할 수
도 있겠지만 그건 아닐 것이다. 로봇이 높이 뛰고 정확히 동작을
수행한다고 희로애락을 느낄 사람은 없다. 한계가 있는 인간이기
에 자신의 경험과 비교해서 스포츠맨들의 우수성에 감탄하는 것
이기 때문이다. 이 외에도 경험을 전달하거나 경험하게 만드는 직
업은 의외로 많이 있다. 마술사, 가수, 뮤지컬 배우 등 퍼포먼스
를 수행하는 직업들이 대체로 이런 영역에 속한다.

> **호연** AI 시대가 됐다고 하지만 난 사실 잘 모르겠어. 우리 어렸을 적엔
> 2000년만 돼도 자동차들이 하늘을 날아다니고 인간과 똑같이
> 생긴 로봇들이 인간과 더불어 생활하게 될 거라고 했었잖아?
>
> **병갑** 돌이켜보면 80년대에만 해도 그렇게 예측했었지.
>
> **호연** 근데 봐봐. 그런 기술들이 상용화되려면 앞으로도 몇십 년이 걸릴
> 지 모르잖아? 그러니 AI 기술 역시 발전 속도에 한계가 있을 거라
> 고 봐.
>
> **병갑** 하드웨어와 소프트웨어적 발전을 같은 측면에서 보는 건 무리가
> 있지.
>
> **호연** 왜?
>
> **병갑** 하드웨어적인 즉, 물리적인 영역에서의 발전은 네 말 대로 좀 더
> 오래 걸릴 수도 있어. 법적인 규제 문제도 있고 물리적 영역은 기
> 술적인 측면이 많이 작용하는 데 상용화 수준으로 발전하려면 한

분야 기술 발전으로만 되는 것이 아니라, 융복합 발전이 돼야만 할 테니까 아무래도 시간이 오래 걸리겠지.

호연 네 말은 소프트웨어, 즉 AI의 경우에는 다를 거라는 말이야?

병갑 그렇지. 너 기억해? 2016년 알파고가 이세돌에 완승했을 때, 사람들은 엄청나게 놀라긴 했지만, 바둑 같은 논리 영역에서나 AI의 빠른 발전이 이뤄질 거라고 예상했지. 그런데 지금 봐. 불과 몇 년 사이에 ChatGPT가 인간과 대화하고 Copilot이 그림을 그리고 작곡하고 Sora는 영화 수준의 영상을 만들고 있잖아.

호연 음… 확실히 AI 발전 속도가 엄청 빠르긴 하지.

병갑 전문가들에 의하면 이 속도가 우리 상상 이상으로 빠를 거래. 몇 년 내로 인간 지성을 뛰어넘는 수준의 AI가 나온다는 거야.

호연 헉, 진짜? 무섭다… 우리 이러다 조만간 일자리 다 잃게 되는 거 아니야?

병갑 아, 그 부분은 걱정 안 해도 돼.

호연 왜?

병갑 우리처럼 저연봉에 잡다하게 이 일 저 일 다하는 직업은 AI로 하느니, 차라리 사람이 싸게 친대.

호연 이런, 완전 웃픈 현실이네…

이 대화는 저처럼 자조적으로 마무리되었지만, 저들은 현실을 잘 모르고 있는 것 같다. 우리나라의 최저 임금 수준을 따져

공감 능력이 지배하는 세상에 대비하라

볼 때 어떤 직업도 AI와 로봇으로 대체할 가치가 없는 직업은 없다. 내 생각에 아마도 10년 이내에 우리나라의 거의 모든 직업은 크든 작든 AI와 로봇의 위협을 직간접적으로 받게 될 것이다.

2024년에 벌어진 의사들과 정부의 길등을 보면서 나는 양 자가 불과 몇 년 뒤의 미래를 전혀 예측하지 못하고 있구나 하는 생각을 했다. 나는 이 사안에서 어떤 쪽도 지지하거나 하는 입장은 아니다. 다만 엉뚱한 포인트에서 갈등이 벌어지고 있다는 생각을 지울 수가 없다. 지금 전공의 등 의사들이 걱정해야 할 사안은 지금의 의대 입학생들이 근 10년 뒤에 개업하거나 전문의가 된 이후의 상황이 아니다. 그보다는 그 전에 벌어지게 될 AI 의사와의 경쟁이 더 심각한 도전이 될 것이다. 만약 의사 수가 모자라게 되면 AI 의사의 도입은 당위성을 업게 된다. 아니, 오히려 필연적으로 될 수밖에 없을 것이다. 어쩌면 지금 의사 수를 빠르게 늘려 놓는 것이 AI 의사를 도입하는 명분을 없애고 그 시기를 늦출 방법이 될 것이다. 대마불사라고, 의사 수가 많아지면 그만큼 집단 목소리도 커질 것이니, 협상력도 강해진다고 봐야 한다.

아무튼 정부와 의사들은 어쩌면 몇 년 뒤에는 정반대의 상황에서 고민하게 될 지도 모른다. 의사 수를 늘렸다면 정부는 AI 의사 도입의 명분을 스스로 없앴다고 후회할 지도 모른다. 반대로 의사 수가 동결되게 되었다면 의사들이 의사 수를 늘리지 못한 것을 후회하게 될지도 모른다. 세상의 모든 갈등은 시간이 지나고 보면 코미디처럼 느껴지게 된다는 것. 어떤 사안이든 갈등이 있을 때 우리가 기억하고 고려해야 하는 일종의 지혜가 아닐까 싶다.

다시 주제로 돌아가서… 그렇다면 지금 직업의 선택이나 재선택을 고민하고 있다면 어떻게 하는 것이 현명할 것인가? 경제적 시간적 여유가 있다면 무조건 전문적인 영역에 투자하라고 권하고 싶다. AI나 로봇 전문가가 된다면 가장 안전할 것이다. 그것이 어렵다면 다른 어떤 직업이든 전문가의 수준으로 올라설 필요가 있다. 그리고 그 전문가 영역 안에서 인간 정서적인 측면과 접목시켜야 한다. 예를 들어 청소 전문가라면? 사망자 사후 청소라든지, 심리치료 청소 강사라든지 인간의 정서적인 측면을 건드리거나 어루만져주는 청소 전문가로 거듭나면 된다. 인테리어 전문가라면 MBTI를 고려한 인테리어 전문가도 잘 팔릴 듯하다. 이혼이나 사별 이후, 물품정리사 같은 직업들도 오래 살아남지 않을까? 문은 좁지만 엔터테이너나 스포츠맨 같은 경험을 전달하는 영역도 하나의 대안이다. 그러나 이런 직업은 선천적인 재능이 있어야 하고 그를 기반으로 한 뼈를 깎는 노력이 수반돼야 가능한 것이므로 쉽게 권할 만한 것은 아닌 듯하다.

몸값 얘기를 하는 책에서 고연봉 직업 얘기가 아니라, 직업의

공감 능력이 지배하는 세상에 대비하라

생존을 논하고 있다니⋯ 좀 아이러니하지만 이것이 현실이다. 자기 몸값을 높이기 위해서 필요한 덕목이 있다. 몸값에 대해서 가능한 객관적이고 냉정한 시각을 가져야 한다는 것이다. 자신의 몸값은 자신이 아니라 남들이 책정하는 것이다. 그러니 사기 자신의 가치에 대해서 남들의 시각에서 냉정하게 바라볼 수 있어야 한다. 몸값에 있어서는 자존감도 중요하지만 냉정한 현실 의식은 더욱 중요하다 할 것이다.

직업이라는 것은 원래 본인이 잘할 수 있는 일과 좋아하는 일의 교집합 속에서 찾는 것이 최선이다. 하지만 이제는 앞에서 언급한 것처럼 미래에 살아남을 수 있는 직업이라는 또 다른 변인을 고려해야 하는 시대가 됐다. 그래서 이것을 다 종합한다면 이렇게 되겠다. '자신이 잘해서 전문성을 인정받을 수 있는 일에 인간 정서를 접목하되, 가능하면 자신이 좋아하는 일'이라면 최선의 직업이다. 이런 일을 찾는 것이 쉽지는 않겠지만 찾는 데 성공한다면 두고두고 후회가 없을 것이니, 아무리 큰 수고라 하더라도 투자할 가치가 있다고 본다. AI의 시대에⋯ 앞으로도 당당하고 자신 있게 살아가는 독자 여러분들이 되시길 기원한다.

현재냐, 미래냐?
AI 시대를 맞을 우리의 준비는?

동서고금을 통틀어 오랫동안 이어져 온 질문이 하나 있다. '사람은 현재와 미래 중 어느 쪽에 어느 만큼의 비중을 두고 살아야 하는 것일까?'가 그것이다. 어떤 이는 현재가 더 중요하다고 하고 어떤 이는 미래가 더 중요하다고 말한다. 과연 이 질문에 정답이 있을까? 아마 여러 가지 의견들이 있을 것이고 의견마다 논리와 명분이 있을 테니 하나의 결론을 맺는 것은 불가능할 것이다. 이와 관련해서 논란을 더 부추길 만한 이런 우스갯소리도 있다.

젊은 시절 열심히 일해서 많은 돈을 모은 노신사가 하와이에 좋은 집을 하나 얻어 여유롭고 평화로운 노후 생활을 보내고 있었다. 그런데 옆집에 사는 한 청년이 미래가 없다는 듯이 매일 낮에는 서핑, 밤에는 파티로 흥

청망청 지내고 있는 것이 눈에 띄었다. 한동안 걱정스럽게 지켜보기만 했던 노신사가 하루는 길에서 그 청년과 우연히 마주치게 되었다. 노신사는 청년에게 조심스럽게 말을 꺼냈다.

노신사 이보게 청년, 자네는 너무 미래가 없는 사람처럼 살고 있는 것 같네. 젊었을 때 조금은 고생스럽더라도 열심히 일하고 미래를 잘 준비하면 지금의 나처럼 노후를 아주 편안하고 즐겁게 보낼 수 있다네.
(그러자 청년은 어이가 없다는 표정으로 답했다.)

청년 영감님, 저는 이해하기가 어렵군요. 젊을 때 고생만 하고 살다가 즐길 힘도 부족한 노인이 돼서야 즐겁게 사는 것과, 젊었을 때 정열적으로 신나게 살다가 노인이 돼서 좀 힘들게 사는 인생 중 어떤 것이 확실히 더 나은 걸까요?

이 얘기를 들은 노신사는 입을 다물고 말았다. 청년이 한 얘기에 동의를 할 수도, 반박을 할 수도 없었기 때문이다.

현재가 중요할까, 미래가 중요할까? AI의 시대가 본격화되면 어떤 미래가 오게 될지 모른다. 그렇다면 그냥 지금을 최대한 즐겨야 하는 것이 아닐까? 반대일 수도 있다. AI 시대가 본격화되면 일자리가 매우 불안정해질 가능성이 높다. 그렇다면 AI들이 우리의 일자리를 위협하기 전에 최대한 많은 돈을 벌어 놓아야 할 수도 있다. AI라는 변인을 첨가하면 얘기가 복잡해지므로 일단은 AI를 배제하고 과거 시점에서 비교적 합리적이라 여겨졌던 답을 제시해 본다.

자기 자신의 인생행로를 나름 예측해서 그려 보고 이것을 중심으로 현재와 미래의 인생에 경제적 비중을 배치하는 방법이 그것이다. 모든 것을 예측하기는 어려우니, 본인의 의지 중심으로 큰돈이 들 '사건'들을 배치해 보는 것이다. 인생에서 큰돈이 드는 사건들이라면 대략 결혼, 육아, 자동차, 내 집 마련 정도가 일반적일 것이다. 이 외에 본인의 취미와 철학에 따라 다른 큰돈이 드는 일들이 있을 수도 있다. 하여튼 그러한 것들을 자기 인생에 대략 배치를 해본다.

나는 30대에 결혼할 것이고 아이는 30대 후반에, 집은 40대에 사겠다…라고 배치했다고 치자. 그렇다면 돈이 30대와 40대에 집중적으로 필요하게 될 것이다. 이를 바탕으로 돈이 가장 많이 들어가는 나이를 중심으로 현재와 미래의 소비 패턴을 짠다. 저 로드맵이라면 30, 40대에는 미래를 위해 비축할 돈은 없고 현재에 돈을 다 쓴다고 생각해야 한다. 대출해서 미래에 이를 갚을 계획이라면 미래의 돈을 오히려 당겨서 쓴다고 봐야 할 것이다. 하여튼 저런 로드맵에서는 20대에는 현재에 드는 비용을 최소화하고 가능한 많은 돈을 미래로 보내야 한다. 50대에도 현재에 드는 비용을 최소화하고 가능한 많은 돈을 과거로 보내야 한다. 60대에는 일부 과거로 보내겠지만 현재에 쓸 돈도 어느 정도는 있을 것이다.

어떤 이는 완전히 다른 인생의 패턴을 쌀 수도 있다. 나는 결혼도 안 할 예정이고 집도 사지 않을 예정이라고 치자. 대신 40대에 세계 여행을 할 계획이 있다면? 이런 경우는 20대에는 비교적 적은 돈만 미래로 보내면 된다. 즉, 현재를 충분히 즐겨도 될 것이다. 30대에는 최소한의 비용만 현재에 쓰고 대부분의 돈을 미래로 보내야 한다. 50대에도 마찬가지이다. 과거로 돈을 보내야 하므로 현재에 쓸 수 있는 돈은 상대적으로 적을 것이다. 60대에는 비교적 풍족한 돈을 현재에 쓸 수 있을 것이다.

그렇다면 큰돈이 드는 사건을 아무것도 계획하지 않겠다는 사람의 경우는 어떻게 해야 할까? 이런 경우라면 8:2를 권한다. 현재에 80%를 쓰고 20%는 인생에 닥칠 수 있는 어떤 사건 사고를 대비해서 보험용으로 비축하는 것이다. 사실 큰돈이 드는 사건을 아무것도 계획하지 않고 살아가는 사람은 그리 많지 않으리라 생각한다. 만약 그런 사람이 있다면 아무 계획도 목표도 취미도 없이 인생을 산다는 것이 조금은 우울해 보인다. 본인이 지향하는 것이 아무것도 없다는 것… 그런 사람이라면 인생에 대해서 조금은 더 진지하게 생각해 보는 것이 우선일 것 같다.

미현 난 말이야, 30대에 결혼은 할 건데 애는 안 낳으려고 해. 그래서 지금은 결혼 비용 정도만 준비하면서 나머지는 다 쓰고 살아.

수경 그래도 만일을 대비해서 저축은 좀 해야 하지 않아? 결혼 후 자녀에 대한 생각이 바뀔 수도 있잖아?

미현 만약을 대비해서 현재를 희생하는 건 바보 같다고 생각해. 미래 못지않게 현재도 중요하다구.

수경 옳은 말이긴 한데… 그래도 난 좀 불안해서… 50퍼센트쯤은 저축하면서 살아.

미현 와~ 그렇게 많이? 그럼, 지금 쓸 돈이 너무 없는 것 아냐?

수경 나중에 쓰면 되지. 호호. 난 어떻게든 집부터 사고 싶거든.

미현 젊을 때 예쁜 옷 입고 즐기며 사는 게 낫지 않을까? 나이 먹으면 그때에 맞는 삶이 있겠지만 20대에 즐길 수 있는 것을 나이 먹고 하기는 어려울 것 같아.

수경 정답은 없을 거야. 그래도 난 미래에 대한 대비가 좀 필요하다고 생각해. 특히 AI가 조만간 우리 직업을 위협할 것 같아서…

미현 AI한테 직업을 빼긴다고? 에이, 설마… 너무 먼 미래 얘기 아니니?

수경 글쎄, 난 멀지 않았다고 봐.

앞에서 언급한 현재-미래 배분은 전통적인 우리 삶에서 나름 취할 수 있는 전략이었다. 그런데 AI라는 인류 역사상 존재하지 않았던 새로운 종족이 인류를 위협하고 있다. 이런 상황에서라면

공감 능력이 지배하는 세상에 대비하라

현재-미래에 대한 대화도 달라질 수밖에 없다. 지금까지 우리가 살아온 세상이라면 미현의 생각이 아무 문제가 없을 것이다. 하지만 앞으로의 세상에서는 수경이 하는 말을 주목해야 한다. 분명히 10년 이내에 AI는 크는 작든 인류의 모든 직업을 위협하게 될 것이다. 현재와 같은 안정적 수입이 미래에도 가능할 것이라고 기대하는 것은 위험하다. 그렇다면 어떻게 미래를 대비해야 할 것인가?

첫째, 10년 이내에 은퇴할 상황이 아니라면 나이를 막론하고 10년 계획을 세워서 AI 시대에 적합한 직업을 준비해야 한다. 이에 대해서는 앞에서 살펴본 〈AI 시대의 직업〉을 참고하라. AI 관련 직업군, 인간의 정서를 담은 전문직, 경험을 전달하거나 경험하게 만드는 직업… 크게 이 세 가지 중 하나를 준비해야 한다. 이를 위해서 현재에 쓸 수 있는 비용을 과감하게 직업 준비에 투자해야 한다. 인생의 큰 그림 외에 다른 변수가 생긴 셈이다.

둘째, 아무리 AI 시대에 적합한 직업을 준비했다 해도 완벽한 준비가 되기는 어렵다. 그러므로 미래를 위한 보험성 저축이 어느 정도는 필요하다. 그것이 재테크 방식이든 아니면 단순한 적립의 형태이든 어떤 방식으로든 미래를 대비해야 한다는 얘기다. 최소한 현재 수입의 20% 정도는 미래를 대비하는 몫으로 투자하는 것이 현명해 보인다.

셋째, AI 시대를 대비해서 직업적인 것뿐 아니라 이 책에 나온 여러 가지들을 실천하면서 정신적 성숙과 공감의 능력을 키워 가야 할 것이다. 이를 위해서 현재의 시간을 기꺼이 투자해야 한다. 사실 그것은 AI 시대가 아니더라도 가치있는 일이므로 현재-미래의 논의에서 비용적인 배분 외에 시간적인 배분으로는 반드시 고려해야 할 것이다.

누군가는 그렇게 생각할 수도 있겠다. 너무 가혹한 것 아니냐고… 이렇게 하면 시간과 비용을 전부 미래를 위해서 써야 하는 것 아니냐고. 현재를 너무 무시하는 것 아니냐고… 글쎄 그렇게 볼 수도 있을 듯하다. 원래 비용 측면에서 보면 중요한 이벤트가 있을 나이를 중심으로 전체 배분을 해야 하는 것인데 AI에 대비하기 위한 비용까지 들어가다 보니, 현재에 사용할 수 있는 돈이 비약적으로 적어질 수가 있다. 안 그래도 높은 물가에 힘들고 빠듯한 상황에서 이게 가능하겠냐고 반문할 수도 있겠다. 하지만 방법이 없다. 지금은 비상시국인 것이다.

맨 처음에 언급했던 노인과 청년의 이야기로 돌아가 보자. 사람들에 따라서는 노인의 관점에 공감하는 사람도 있고 청년의 관점에 공감하는 사람도 있을 것이다. 그런데 저 이야기는 AI가 개입하기 전의 상황이다. AI가 우리 직업을 위협하고 있는 상황에서는 청년의 관점이 성립되기 어렵다. 약간 어려운 노년이 아니라 극심하게 어려운 노년이 될 것이기 때문이다. 극단적으로는 최소한의 사회보장 제도에 의지해서 살아가게 될 수도 있다. 아무

공감 능력이 지배하는 세상에 대비하라

것도 할 수 없고 그냥 생명만 유지하는 삶이 될 수도 있다는 이야기이다. 그러므로 현재로서는 노인의 관점이 좀 더 안전하다고 말하는 것이 현실적이겠다.

어쩌다가 이런 세상이 도래하게 됐는지 모르겠다. 인간의 욕망이 디스토피아적인 미래를 향해 인류를 이끌고 있다고밖에 할 수 없다. 하지만 이 상황에 잘 적응해 간다면 그 어느 때보다 편리한 세상이 도래할 가능성도 크다. AI가 직업적인 면에서 인간에게 위협이 되는 것은 사실이지만 AI가 인간에게 더없는 편의를 제공할 가능성 또한 자명하기 때문이다. (물론 초지능 AI로 인한 무서운 미래의 가능성도 존재한다.)

어쨌든 미래가 불투명한 시대이다. 이런 상황에서 가장 현명한 선택은 불확실성을 최소화하는 것이다. 그런 관점에서 조금은 가혹해 보이더라도, 아니 너무 힘든 삶을 강요하는 것 같아도 이같이 하라고 권하고 싶다. 나 역시 10년 이내에 은퇴할 생각은 없기 때문에 무언가 조금씩 준비를 해나가고 있다. 경제적으로, 정신적으로 쉽지 않은 일이지만 말이다.

역사를 돌이켜보면 인류에게 위협이 없고 안전하기만 했던 시대는 없다. 아니 항상 위험했고 불확실했다. 그럼에도 어떤 식으로든 지금까지 살아남아 역사를 만들어 왔다. AI가 인간에게 너무나 큰 위협이 되고 있는 것은 자명한 현실이다. 특히 직업의 측면에서는 엄청나게 위협적인 것이 사실이다. 하지만 인류는 지난

수천 년, 수만 년간 위험한 환경을 극복해 왔다. 어떤 식으로든 지금의 위협을 이겨낼 것이라고 믿는다. 그러나 이를 위해서는 우리 한 사람 한 사람이 준비를 해야 한다. 그 준비라 하면 AI와 대비되는 인간만의 경쟁력, 무엇보다 '공감의 능력'을 키우는 것이다. 공감능력을 제대로 키운 사람만이 AI 시대에도 자신의 몸값을 지켜 나갈 수 있을 것이다. 그런 면에서 공감의 능력은 인류의 생존과 직결된 문제라고 볼 수 있을지도 모르겠다. 모쪼록 이 책이 독자들의 미래에, 인류의 생존에 도움이 될 수 있기를 기원하는 바이다.

공감능력이
지배하는 세상에 대비하라

초판 1쇄 인쇄 2024년 12월 15일
초판 1쇄 발행 2024년 12월 20일

지은이 이영균
발행인 전익균

이사 정정오, 윤종옥, 김기충
기획 조양제
편집 김혜선, 전민서, 백연서
디자인 페이지제로
관리 이지현, 김영진
마케팅 (주)새빛컴즈
유통 새빛북스

펴낸곳 도서출판 새빛
전화 (02) 2203-1996, (031) 427-4399 **팩스** (050) 4328-4393
출판문의 및 원고투고 이메일 svcoms@naver.com
등록번호 제215-92-61832호 **등록일자** 2010. 7. 12

가격 19,000원
ISBN 979-11-91517-85-9 03190

* 도서출판 새빛은 (주)새빛컴즈, 새빛에듀넷, 새빛북스, 에이원북스, 북클래스 브랜드를 운영하고 있습니다.
* 파본은 구입처에서 교환해 드리며, 관련 법령에 따라 환불해 드립니다.
  다만, 제품 훼손 시에는 환불이 불가능합니다.